天津市人大常委会法制工作委员会委托项目

项目编号：TJRDFG2013 - 02

《天津市建设工程质量管理条例》立法后评估报告

肖强　等著

图书在版编目（CIP）数据

《天津市建设工程质量管理条例》立法后评估报告/肖强等著. — 北京：知识产权出版社，2016.2

　　ISBN 978-7-5130-3835-5

　　Ⅰ.①天⋯ Ⅱ.①肖⋯ Ⅲ.①建筑工程–工程质量–质量管理–条例–研究–天津市 Ⅳ.① D927.210.229.74

中国版本图书馆CIP数据核字(2015)第232987号

责任编辑：王　辉　　　　　　　　　　　　　责任出版：孙婷婷

《天津市建设工程质量管理条例》立法后评估报告
肖强　等著

出版发行：知识产权出版社有限责任公司	网　　址：http://www.ipph.cn; http://www.laichushu.com
电　　话：010-82004826	
社　　址：北京市海淀区马甸南村1号	邮　　编：100088
责编电话：010-82000860转8381	责编邮箱：wanghui@cnipr.com
发行电话：010-82000860转8101/8029	发行传真：010-82000893/82003279
印　　刷：北京中献拓方科技发展有限公司	经　　销：新华书店及相关销售网点
开　　本：720mm×1000mm　1/16	印　　张：13.75
版　　次：2016年2月第1版	印　　次：2016年2月第1次印刷
字　　数：215千字	定　　价：42.00元

ISBN 978-7-5130-3835-5

出版权专有　侵权必究

如有印装质量问题，本社负责调换。

目 录

第1章 立法后评估综述 ………………………………… 1

1.1 评估的目的和意义 ……………………………… 1
1.2 评估的指导思想与基本原则 ………………………… 2
　1.2.1 评估的指导思想 …………………………………… 2
　1.2.2 评估的基本原则 …………………………………… 2
1.3 立法质量和实施效果评估的指标体系 ………………… 3
1.4 评估的实施步骤和方法 ………………………………… 5
　1.4.1 评估的实施步骤 …………………………………… 5
　1.4.2 评估的方法 ………………………………………… 6
1.5 评估过程涉及的主要规范性法律文件 ………………… 7
　1.5.1 上位法规定 ………………………………………… 7
　1.5.2 主要同位法、相邻位阶法律 ……………………… 8
1.6 评估的保障 ……………………………………………… 8

第2章 《天津市建设工程质量管理条例》简介 ………… 9

2.1 《条例》的出台背景、目的与意义 …………………… 9
　2.1.1 《条例》出台的背景 ……………………………… 9
　2.1.2 《条例》出台的目的与意义 ………………………10
2.2 《条例》的规范结构 ……………………………………10
2.3 《条例》的制度设计 ……………………………………11

2.3.1 建设工程质量责任制度 ······ 12
2.3.2 建设工程验收制度 ······ 13
2.3.3 建设工程保修制度 ······ 13
2.3.4 建筑市场信用信息制度 ······ 14
2.4 与《条例》配套的相关规范性文件 ······ 14

第3章 《天津市建设工程质量管理条例》的立法质量评估 ······ 19
3.1 《条例》立法形式评估 ······ 19
3.1.1 《条例》立法主体合法性评估 ······ 19
3.1.2 《条例》立法程序合法性评估 ······ 21
3.1.3 《条例》立法体例合理性评估 ······ 22
3.1.4 《条例》立法技术合理性评估 ······ 28
3.2 《条例》立法内容评估 ······ 31
3.2.1 对《条例》实体权利义务评估 ······ 32
3.2.2 对《条例》程序权利义务评估 ······ 41

第4章 《天津市建设工程质量管理条例》的实施效果评估 ······ 47
4.1 执法评估 ······ 47
4.1.1 执法的积极性 ······ 47
4.1.2 执法的正当性 ······ 58
4.1.3 执法的可行性 ······ 60
4.1.4 《条例》的实现性 ······ 68
4.2 守法评估 ······ 82
4.2.2 被动守法效果 ······ 87

第5章 《天津市建设工程质量管理条例》的特色制度评估 ······ 97
5.1 建设单位的首要责任制度 ······ 97
5.1.1 建设单位首要责任制度概述 ······ 97
5.1.2 建设单位首要责任制度的立法质量评估 ······ 99

####### 5.1.3 建设单位首要责任制度的实施效果评估 ……………… 101
5.2 建设工程质量保险制度 ……………………………… 103
####### 5.2.1 建设工程质量保险制度概述 …………………………… 103
####### 5.2.2 建设工程质量保险相关条款的立法质量 ……………… 105
####### 5.2.3 建设工程质量保险相关条款的实施效果 ……………… 105
5.3 建设工程竣工验收制度 ……………………………… 106
####### 5.3.1 建设工程竣工验收制度概述 …………………………… 106
####### 5.3.2 建设工程竣工验收制度的法律背景 …………………… 106
####### 5.3.3 建设工程竣工验收制度的立法内容 …………………… 106
####### 5.3.4 建设工程竣工验收制度的实施效果 …………………… 108
5.4 建筑市场信用信息制度 ……………………………… 110
####### 5.4.1 建筑市场信用信息制度概述 …………………………… 110
####### 5.4.2 建筑市场信用信息制度的立法质量评估 ……………… 110
####### 5.4.3 建筑市场信用信息制度的实施效果 …………………… 113

第6章 结论 …………………………………………………… 115

6.1 《条例》立法质量总体评价 …………………………… 115
####### 6.1.1 《条例》立法形式总体评价 …………………………… 115
####### 6.1.2 《条例》立法内容总体评价 …………………………… 115
6.2 《条例》实施效果总体评价 …………………………… 116
####### 6.2.1 《条例》执法效果总体评价 …………………………… 116
####### 6.2.2 《条例》守法效果总体评价 …………………………… 116

附 件 …………………………………………………………… 117

附件一 天津市建设工程质量管理条例 ……………………… 117
附件二 实施效果调查问卷 …………………………………… 128
附件三 调查问卷数据表 ……………………………………… 175
附件四 访谈提纲 ……………………………………………… 205

后 记 …………………………………………………………… 212

第1章
立法后评估综述

1.1 评估的目的和意义

《天津市建设工程质量管理条例》(以下简称《条例》)于2011年7月6日经天津市第十五届人大常委会第二十五次会议通过,自2011年9月1日起施行。为全面了解该《条例》的立法质量和实施效果,总结立法经验,分析存在的问题,为该《条例》的后续完善奠定基础;为切实加强建设工程质量管理的力度、保障建设工程质量、保护人民的生命和财产安全;有必要开展《条例》的立法质量及其实施效果评估。对《条例》的全面、客观地评估,无疑具有积极意义。

第一,有助于《条例》在立法技术层面的完善。对《条例》的形式与实质内容进行评估,具体评估条文文本是否明确、简洁;法律用词是否严密周详、严谨规范;法律语句是否易于理解、句型恰当;可以及时总结《条例》在立法技术层面应改进和完善之处,有助于《条例》立法技术的进一步提高。

第二,有助于《条例》内容的完善。《条例》的内容评估,包括制度设计和实施效果评估两方面:一是评估《条例》相关制度设计是否科学、合理,是否与其他法律规范存在矛盾,为其进一步修改完善奠定基础;二是通过对《条例》实施情况的实证调查,对立法后实施情况、可操作性、实施效果等方面进行评估，为建设工程质量管理制度的进一步改革提供实证依据。

第三，有助于《条例》实施反馈机制的确立。立法后评估是通过对《条例》实施情况和社会效果进行全面调查评估，深刻了解和掌握《条例》实施后，建设各方主体对《条例》的主观态度，建设各方主体守法的客观效果，执法机关执法的客观效果，公众参与程度，综合上述调研结果，形成评估报告，反馈给相关部门，为《条例》后续立法、执法、司法和守法等方面的完善提供依据。

第四，有助于天津市立法质量和实施效果评估模式的确立。本次对《条例》的立法后评估，将构建地方性规范文件立法质量和实施效果研究指标体系，探索立法质量及其施行效果研究的方式和方法，为推动天津市地方性规范文件立法质量和实施效果研究工作制度化、常态化提供切实可行的经验和模式。

1.2　评估的指导思想与基本原则

1.2.1　评估的指导思想

第一，保障《条例》立法形式符合法律文本形式规范。立法质量和实施效果研究应当坚持以人为本、立法为民，保障《条例》文本、语句符合形式规范。

第二，保障《条例》立法内容平衡各方权益。从地方立法的角度进行评估，充分平衡民事权利与行政权力、原权利与救济权利，明确各方主体权利和义务，规范建设工程质量管理，提高建设工程质量。

第三，保障《条例》突出天津地方特色，符合天津建设工程质量管理实际。评估中把握重点、注重方法、讲究实效，有序推进《条例》立法质量和实施效果研究工作，促进《条例》实施效果与立法目的吻合，推进天津市建设工程质量管理工作。

1.2.2　评估的基本原则

第一，客观性原则。坚持实事求是，保证客观公正，在全面了解和科学分析《条例》内容及其实施情况的基础上开展立法质量及其实施效果研究工作。一方面坚持评估程序客观，即对评估对象的选取、评估方案的抉择、评估程序的认定和执行均应保持客观中立。另一方面保障评估结果客观，即信息收集全面完整，不以偏概全、以点盖面；信息提取与分析尊重事实，不预设研究结论；评估结论全盘考量，不妄下结论。

第二，利益相关方参与原则。《条例》的利益相关方主要包括建设工程建设单位、勘察单位、设计单位、施工单位、工程监理单位、建设工程质量检测单位、施工图审查机构和监督管理机关等主体。本次评估通过问卷调查、实地调研、访谈等多种形式和渠道保证利益相关方有效参与评估工作，充分吸收利益相关方的意见和建议，确保评估结果回应社会诉求。

第三，定性和定量相结合原则。评估过程离不开定性研究和定量研究。定性研究方法，即课题组根据经验和知识，综合运用逻辑思维，对《条例》进行分析和判断，形成对其立法质量和法律实施效果的基本评判。定量研究方法，即根据调查研究、实地调研、访谈、资料收集等获得的信息和数据，运用统计分析手段得出结论的方法。

第四，课题研究回应性原则。对《条例》的立法质量及其实施效果评估，应重点围绕《条例》内容及其在司法、行政执法、守法领域实施效果进行。最终研究报告，应为天津市人大法工委提供《条例》进一步完善的决策依据。同时，研究报告也将反馈给相关司法、执法机构，为这些机构的相关决策行为提供参考。

1.3　立法质量和实施效果评估的指标体系

立法后评估是有关评估主体根据一定的标准，采用一定方式对立法实施的效果、总体质量和基本价值进行评估，并将评估结论作为法律法规修改的重要依据。评估指标体系是评估主体进行立法内容和实施效果评估的标尺，指标体系的完整性和客观性决定了评估结果的科学性与全面性，它是评估工作顺利进行的前提和依据，是全部立法后评估工作的指向标。

课题组在分析《条例》自身特征与调整对象的前提下，依据评估基本原则，制定评估的具体目标，综合考虑评估工作的可操作性，将指标体系定为立法质量评估与实施效果评估两大板块，具体内容见表 1-1：

表 1-1 立法评估指标体系表

	一级指标	二级指标	评估内容	评估方法
立法质量评估	立法形式评估	立法主体的合法性	1. 立法主体是否法定 2. 立法授权是否法定	1. 问卷调查 2. 立法机构的研究报告分析 3. 座谈会 4. 专家评议 5. 定性分析
		立法程序的合法性	1. 立法程序是否完善 2. 立法程序是否严格	
		立法体例的合理性	1. 立法章、节安排是否科学 2. 法条衔接是否科学	
		立法技术的合理性	1. 立法模式是否合理 2. 立法目标是否清晰、可实现 3. 制度制定是否科学、合理、具有前瞻性 4. 立法调整对象是否具有针对性 5. 立法文字表述是明确 6. 法条结构是否完备 7. 立法的解释制度是否完备	
	立法内容评估	实体权力（利）、义务的合法性	1. 法规实体规定有无违反上位法基本价值、精神、原则与具体规定 2. 权利体系是否健全 3. 是否建立完备的责任追究体系	
		实体权力（利）、义务的合理性	1. 法规内容与同位阶、相邻位阶法律规范之间是否存在冲突 2. 法规自身规定是否存在冲突	
		程序权利、义务的合法性	1. 法规程序规定是否符合上位法基本价值、精神、原则与具体规定 2. 程序权利体系是否健全 3. 程序责任制度是否完备	
		程序权利、义务的合理性	1. 期间设置是否合理 2. 程序制度是否开放 3. 是否建立正当程序制度 4. 是否建立信息公开制度	

续表

一级指标	二级指标	评估内容	评估方法
立法实施效果评估	执法评估	执法的积极性	1. 行政机关及其工作人员保证法规实施的状况，对法规的了解、认可程度 2. 司法机关及其工作人员对法规的了解、认可程度（法规援引率） 3. 行政机关及其工作人员实施法规的积极性	1. 问卷调查 2. 统计分析 3. 专家访谈 4. 样本比较 5. 定性分析
		执法的正当性	1. 目的的正当性 2. 执法主体的正当性 3. 执法程序的正当性 4. 执法裁量权的正当性	
		执法的可行性	1. 执法人员配置是否合理 2. 法规配套实施机制是否完善 3. 是否建立完备的外部、内部执法监督机制 4. 执法中的权利是否得到有效约束，管理活动是否得到有效规范	
		法规的实现性	1. 法规对社会财产及权利的保障 2. 实施法规所得到的直接、间接经济效益 3. 法规实施效果对社会秩序、人的观念的影响 4. 法规实施对所要解决的问题及其目标人群的需要、价值和机会的契合与满足程度 5. 行政纠纷解决的效果	
	守法评估	主动守法效果	1. 行为人对法规的了解程度 2. 行为人对法规的认可程度	
		被动守法效果	1. 法规对行为人观念与行为的影响 2. 守法（违反）的成本分析	

1.4 评估的实施步骤和方法

1.4.1 评估的实施步骤

（1）评估准备阶段。此阶段为立法后评估前期准备工作，是评估得以开展的前提条件，主要包括拟定评估方案、收集评估所需的规范性文件和资料、确定《条例》立法质量和实施效果评估体系和评估点三方面。

（2）评估方案与调研方案确定阶段。此阶段系评估前期工作重中之重，工作内容包括：修改并确定实施方案和工作计划；确定调查问卷、访谈提纲、现场调研提纲；确定调研对象（包含建设单位、施工单位、勘察单位、监理单位、设计单位、施工图审查机构、律师事务所、行政主管部门、司法机关9大主体）；查阅市人大常委会相关立法资料。

（3）评估方案实施阶段。此阶段系评估工作实质阶段，其工作内容包括：完成调查问卷发放与回收；查阅建设工程质量执法档案，完成现场调查；完成访谈；根据需要召开专家咨询会；进行定性评估部分评估报告的初步撰写工作。

（4）数据和信息分析阶段。此阶段系对前期工作之初步总结和数据处理，进行相关数据的定量分析，形成评估报告初稿。

（5）报告完成阶段。此阶段主要是对评估报告初稿进行修改，对数据分析和评估结论进行校验，形成最终评估报告，提交给相关部门和机构。

1.4.2 评估的方法

对《条例》的立法后评估拟采用文献分析法、比较分析法、专题访谈、实地调研、问卷调查、专家咨询等评估方法，根据指标体系的内涵及要求，在不同的工作阶段采取不同的方法，最终完成评估工作。

（1）文献分析法和比较分析法。课题组负责收集目前已经出台的建设工程质量管理方面的法律、行政法规、部门规章、地方性法规和规章、相关规范性文件以及《条例》出台时的档案资料，结合国内外相关理论研究文献，对照指标体系进行分析研究。

（2）专题访谈。主要面向相关行政管理部门及行政管理相对人，由天津市人大负责协调。专题访谈采取面对面交流的形式。

（3）实地调研。确定调研地区和调研单位，通过召开座谈会、实地调查、查阅相关执法部门的执法档案等方式调研《条例》的行政执法、司法和守法过程的基本情况和存在的问题。

（4）问卷调查。围绕评估内容，对司法、行政执法和守法三个方面涉及的不同调查对象，分别设计并发放调查问卷。发放方式包括现场、邮寄、网络等。课题组将对收回的调查问卷进行数据汇总和分析。

（5）专家咨询。针对指标体系、评估的实施方案和步骤、评估的方法、评估的阶段成果、评估工作遇到的困难和瓶颈等问题，由课题组邀请相关领域法律专家和相关行业实务管理专家进行座谈和专家访谈，形成专家咨询意见。

1.5 评估过程涉及的主要规范性法律文件

1.5.1 上位法规定

（1）《中华人民共和国宪法》，1982年12月4日全国人民代表大会公告公布施行，2004年3月14日第十届全国人民代表大会第二次会议修正；

（2）《中华人民共和国立法法》，2000年3月15日中华人民共和国主席令第三十一号公布，2000年7月1日起施行；

（3）《中华人民共和国行政诉讼法》，1989年4月4日中华人民共和国主席令第十六号公布，1990年10月1日起施行；

（4）《中华人民共和国行政处罚法》，1996年3月17日中华人民共和国主席令第六十三号公布，自1996年10月1日起施行；

（5）《中华人民共和国行政复议法》，1999年4月29日中华人民共和国主席令第十六号公布，1999年10月1日起施行；

（6）《中华人民共和国建筑法》，1997年11月1日中华人民共和国主席令第九十一号公布，自1998年3月1日起施行；

（7）《建设工程质量管理条例》，2000年1月30日中华人民共和国国务院令第二百七十九号公布，自公布之日起施行；

（8）《建设工程勘察设计管理条例》，2000年9月25日中华人民共和国国务院令第二百九十三号公布，自公布之日起施行；

（9）《工程建设监理规定》，1995年12月15建监[1995]第737号文，自1996年1月1日起实施；

（10）《建设工程施工许可管理办法》，2001年1月4日中华人民共和国建设部令第九十一号，自发布之日起施行；

（11）《建设市场诚信行为信息管理办法》，2007年1月12日中华人民共

和国建设部建市 [2007]9 号文件颁布。

1.5.2 主要同位法、相邻位阶法律

（1）《天津市建筑市场管理条例》，天津市人民代表大会常务委员会 2011 年 7 月 6 日颁布，2011 年 9 月 1 日起实施。

（2）《天津市建设工程施工安全管理条例》，天津市人民代表大会常务委员会 2013 年 1 月 21 日颁布，2013 年 4 月 1 日起实施。

（3）《工程建设监理规定》，1995 年 12 月 15 建监 [1995] 第 737 号文，自 1996 年 1 月 1 日起实施；

（4）《注册结构工程师执业资格制度暂行规定》，1997 年 9 月 1 日建设部、人事部建设 [1997]222 号，发布之日起施行；

（5）《建设工程施工许可管理办法》，2001 年 1 月 4 日中华人民共和国建设部令第九十一号，自发布之日起施行；

（6）《注册监理师管理规定》，2006 年 1 月 26 日中华人民共和国建设部令第一百四十七号，自 2006 年 4 月 1 日期施行；

（7）《建设市场诚信行为信息管理办法》，2007 年 1 月 12 日中华人民共和国建设部建市 [2007]9 号文件颁布。

1.6 评估的保障

本次评估由天津市人大法制工作委员会负责统筹指导，天津市建设交通管理委员会、天津市建设工程质量监督管理总队协助。课题组由天津工业大学文法学院的部分教师和若干研究生组成，团队成员知识结构合理，科研能力强，有良好的团队协作精神，具备完成课题研究任务的能力。

另外，本次评估过程，严格按照评估程序，遵守评估期限，定期召开评估工作汇报会议，保障评估信息共享，沟通顺畅。财务方面，严格遵守预算，执行过程考核和控制管理，专款专用。这为本次评估提供了制度和财务保障。

第2章
《天津市建设工程质量管理条例》简介

2.1 《条例》的出台背景、目的与意义

2.1.1 《条例》出台的背景

1997年11月1日，我国制定并颁布了《中华人民共和国建筑法》，标志着工程建设领域走上了法治轨道。2000年1月30日国务院制定并颁发了《建设工程质量管理条例》，使得建设工程质量管理有法可依。建设工程的质量保障，关系到经济社会发展和建筑领域的安全、稳定、和谐。为加强建设工程质量管理，提高工程质量，保护人民生命和财产安全，天津市于2003年9月10日制定并颁布了《天津市建设工程质量管理条例》。《条例》实施以来，对规范我市建设工程质量管理活动，维护建设工程质量，保护建设各方的合法权益，发挥了极其重要的作用。

但是随着天津市的城市建设快速发展，建设工程质量和质量管理中的问题日益凸显。旧《条例》的一些规定已经不适应建设工程质量管理的实际需要。暴露出了许多新的问题，例如：建设工程各方主体质量责任和保修责任不明确；一些住宅工程出现影响住宅使用功能的质量通病和缺陷，人民群众反映强烈；高大难深项目逐年增多，采用新技术、新工艺的工程越来越多。这些问

题对依法规范工程质量和提高质量管理水平提出了更高的要求,于是 2011 年 7 月 6 日天津市第十五届人民代表大会常务委员会第二十五次会议审议并通过了对《天津市建设工程质量管理条例》的修订案,2011 年 9 月 1 日起新《条例》正式实施。

2.1.2 《条例》出台的目的与意义

建设工程质量直接关系着人民群众生命财产安全,是工程建设的根本保证,也是振兴建筑业发展的前提条件。近年来,天津市建设工程质量管理工作坚持不断建立质量管理监管长效机制,努力提高工程建设各方主体质量意识,在城市建设规模大幅度扩大的前提下,全市建设工程质量水平稳步提升,为全市建筑业的健康稳定发展作出了贡献。但是,由于我国建筑市场的发育还很不完善,各类市场主体行为不规范,工程建设中存在片面追求低造价、短工期的现象,加之投资规模的快速增长造成管理上的不到位,给建设工程质量带来不利影响。因此,十分有必要正确认识引发天津市建设工程质量管理问题的主要成因,采取进一步强化建设工程质量管理的对策措施。《天津市建设工程质量管理条例》的修订对天津市建设工程质量的监督管理有着重要的积极意义,有助于加强建设工程质量管理,有助于保证建设工程质量,有助于保护人民生命和财产安全。

2.2 《条例》的规范结构

《条例》共 6 章,50 条。

第一章"总则",共 6 条。分别规定了立法目的和依据、条例适用范围、监督管理机构、建设工程的 5 方主体、建设工程质量标准和要求,以及规定鼓励采用先进科学技术和管理方法、推行建设工程质量保险制度。

第二章"工程质量责任",第 7-13 条,共 7 条。第七条规定了建设单位对工程质量总负责制度;第八条规定勘察单位对勘察质量负责;第九条规定设计单位对设计质量负责,且不得指定建筑材料、建筑构配件的生产厂、供应商;第十条规定施工单位对施工质量负责并承担保修期内的工程质量保修责任;第十一条规定工程监理单位对施工质量实施监理,并对施工质量承担监理责任;第十二条规定建设工程质量检测单位对出具的检测报告负责;第十三条规定施工图审查机构承担审查责任。

第三章"工程验收和质量保修",第14-30条,共17条。第十四条规定了分阶段验收制度;第十五条规定了勘察单位参加建设工程的地基验收制度;第十六条规定设计单位应当参加建设工程的地基、基础、主体结构和建筑节能工程等分阶段验收和竣工验收;第十七条要求施工单位建设工程质量控制资料同步记录;第十八条细化了分阶段验收和施工的各方权利和义务;第十九条规定了现场取样的具体要求;第二十条规定了竣工验收和分户验收制度;第二十一条规定了验收准备的文件;第二十二条规定了建设行政主管部门接收验收备案文件制度;第二十三条规定了镶嵌标志牌制度及内容;第二十四条规定了最低保修期;第二十五条规定了施工单位保修期;第二十六条规定了保修通知的相关权利和义务;第二十七条规定了建设工程结构安全的质量缺陷报告制度;第二十八条规定了保修验收制度;第二十九条规定了代履行制度;第三十条规定了产品责任及追偿制度。

第四章"监督管理",第31-34条,共4条。第三十一条规定了建设工程质量监督机构的监督管理职责;第三十二条规定了建设工程质量监督机构监督管理措施;第三十三条授权市建设行政主管部门制定地方工程建设标准和技术规范的权力;第三十四条规定了违法移送制度。

第五章"法律责任",第35-49条,共计15条。规定违反以上七章内容应承担的法律责任。

第六章"附则",第五十条,共计1条,规定条例实施日期、废止条款。

2.3 《条例》的制度设计

《条例》中的主要制度,包括建设工程质量责任制度、建设工程验收制度、建设工程保修制度、建筑市场信用信息系统制度等,这些制度构成了《条例》的制度体系,围绕这些制度,《条例》做了具体的规定和创新。

2.3.1 建设工程质量责任制度

建设工程质量责任制度明确了承担建设工程质量责任的五方责任主体，即建设单位、勘察单位、设计单位、施工单位和工程监理单位，并对五方责任主体的具体责任范围作了详细规定。

该制度突出了建设单位作为建设工程质量总负责方的地位和责任，明确了代建制的质量责任分担。建设单位是建设工程的发起方和组织者，是勘察、设计、施工、监理等单位的选择方，必须对建设工程质量负总责。建设单位应当执行国家和本市有关建设工程质量安全、招标投标、建筑市场管理等方面的法律、法规、规章和技术标准，严格按照合同约定组织建设，对建设工程的安全性、耐久性、使用功能和节能环保等工程质量负总责。实行代建制的建设工程，代建单位在受委托范围内承担工程质量责任。

该制度进一步细化了勘察、设计、施工和工程监理单位的责任。

（1）勘察单位应当依照法律、法规、规章、工程建设标准及合同约定进行勘察，出具勘察文件，对其勘察质量负责。勘察文件的编制应当符合国家和本市相关规定，内容应当真实全面，数据可靠，评价准确。勘察文件应当由参加勘察的具有执业资格的人员签字，并对勘察文件的真实性、准确性承担责任。

（2）设计单位应当依照法律、法规、规章、工程建设标准、勘察文件及合同约定进行设计，出具设计文件，对其设计质量负责，不得指定建筑材料、建筑构配件的生产厂、供应商。设计文件的编制应当符合国家和本市相关规定，设计文件应当注明建设工程合理使用年限、允许最大沉降量、抗震设防裂度和防火要求。设计文件应当由参加设计的具有执业资格的人员签字，并对设计文件的科学性、安全性、可靠性承担责任。对超限高层和超大跨度建筑、超深基坑，以及采用新技术、新结构的工程，设计单位应当在设计文件中明确工程质量保障措施，并向施工现场派驻设计代表，处理与设计有关的技术问题。

（3）施工单位应当依照法律、法规、规章、工程建设标准、设计文件及合同约定组织施工，对所承建的建设工程施工质量负责，并承担保修期内的工程质量保修责任。施工单位应当根据工程规模和技术要求及合同约定配备相应的项目负责人和专业技术人员、管理人员；项目负责人应当具有相应的建造师资格，并且不得擅自更换。施工单位不得转包和违法分包所承包的建设工程，施工过程中不得偷工减料或者擅自修改工程设计，不得使用未经检测或者检测不合格的建筑材料、建筑构配件、设备和商品混凝土。

（4）工程监理单位应当依照法律、法规、规章、技术标准、设计文件及合同约定，对施工质量实施监理，并对施工质量承担监理责任。工程监理单位不得与建设单位或者施工单位恶意串通、弄虚作假降低工程质量。工程监理单位应当根据合同约定配备具有相应资格的监理项目负责人和其他监理人员进驻施工现场；监理项目负责人应当具有监理工程师资格，并且不得擅自更换。监理人员对设计文件和施工方案的执行、建筑材料核验和工序验收等实施监理，不得将不合格的建设工程、建筑材料、建筑构配件和设备按照合格签字。

《条例》在强化建设工程五方主体责任的同时，还增加了有关建设工程质量检测单位和施工图审查机构在建设工程质量管理方面的职责。

2.3.2 建设工程验收制度

建设工程验收制度突出表现为加强建设工程分阶段验收，严格验收程序。在竣工验收前，对建设工程实行分阶段验收是我市建设工程质量管理的地方创新。在建设工程的地基、基础、主体结构和建筑节能工程等不同阶段完工后，施工单位都应当通知建设单位进行阶段验收。未经阶段验收或者阶段验收不合格的，施工单位不得进入下一阶段施工，建设单位不得组织竣工验收。《条例》对建设工程的竣工验收和各验收阶段的验收重点、验收程序和责任主体分别做出具体规定，加强建设工程质量的过程控制。同时，《条例》针对住宅工程做出了分户验收的规定，对住宅工程，应当先组织分户验收，合格后再进行竣工验收。

2.3.3 建设工程保修制度

建设工程保修制度强化了建设单位的保修义务。《条例》在国家规定的保修范围基础上，进一步完善了工程保修制度，特别是住宅商品房的保修制度，强化了建设单位，特别是房地产开发单位的保修义务。一是对工程保修易发生争议的部位做出明确规定,将外墙保温、门窗和地下室外围防水工程的最低保修期规定为五年。二是明确施工单位对建设工程的保修期,自建设工程竣工验收合格之日起计算。三是房地产开发企业对其销售的商品房保修期,自交付购房人之日起计算,并在商品房买卖合同中载明。四是商品房在保修期限内出现质量缺陷,购房人有权要求房地产开发企业履行保修义务,房地产开发企业应当及时予以保修。

2.3.4 建筑市场信用信息制度

建筑市场信用信息制度,是天津市在建设工程质量管理活动过程中的创新监管模式。建立全市的建筑市场信用系统,通过信用信息系统归集、评价、发布建筑活动当事人信用信息,向社会提供信用信息查询,实行守信激励、失信惩戒制度。《条例》规定,建设、勘察、设计、施工、工程监理单位及其注册执业人员依法受到行政处罚的,其违法行为和处理结果将被记入建筑市场信用信息系统。通过信用信息系统,可以记录建筑活动当事人的违法违规情况,还可以促使建筑活动当事人重视和自觉履行工程质量义务和责任。《条例》规定,对严重违反建设工程质量责任法律法规的行为,被建设行政主管部门责令限期改正,情节严重的,市建设行政主管部门可以取消违法企业六个月以上十二个月以下在本市参加招投标活动的资格。

2.4 与《条例》配套的相关规范性文件

仅仅依靠单一的《条例》本身,是不能完全保障建设工程质量的,还必须辅以配套的规范性文件,形成建设工程质量管理法律体系。只有建立健全的法律体系才更有助于加强建设工程质量管理,保障建设工程质量。

课题组汇总了目前与《条例》实施相关、使用频率较高的现行部门规章、条例、本市配套政策法规,以及本市相关的规定、办法。具体如下:

《天津市城乡建设和交通委员会关于印发 2014 年天津市建设工程质量安全管理工作要点的通知》,津建质安 [2014]146 号,2014 年 3 月 20 日发布,2014 年 3 月 20 日实施。

《天津市城乡建设和交通委员会关于组织 2014 年首批〈天津市轨道交通地下工程质量安全风险控制指导书〉培训报名的通知》，2014 年 1 月 24 日发布，2014 年 1 月 24 日实施。

《天津市城乡建设和交通委员会关于开展保障性安居工程和城市轨道交通工程质量检测行为专项检查工作的通知》，津建技[2013]351 号，2013 年 5 月 3 日发布，2013 年 5 月 3 日实施。

《天津市城乡建设和交通委员会关于印发〈天津市建设工程质量创优管理办法〉的通知》，津建技[2013]270 号，2013 年 3 月 29 日发布，2013 年 4 月 1 日实施。

《天津市城乡建设和交通委员会关于印发〈2013 年天津市建设工程质量安全管理工作要点〉的通知》，津建质安[2013]221 号，2013 年 3 月 12 日发布，2013 年 3 月 12 日实施。

《天津市城乡建设和交通委员会关于对本市建设工程质量检测机构从业人员实施 IC 卡管理的通知》，建技[2012]800 号，2012 年 8 月 16 日发布，2012 年 10 月 1 日实施。

《天津市水务局关于成立区县水利工程质量与安全监督机构和落实人员编制的通知》，2010 年 9 月 10 日发布，2010 年 9 月 10 日实施。

《天津市城乡建设和交通委员会关于转发〈关于进一步强化住宅工程质量管理和责任的通知〉的通知》，建质安[2010]446 号，2010 年 5 月 27 日发布，2010 年 5 月 27 日实施。

《天津市建设工程质量安全监督管理总队关于举办〈建筑施工塔式起重机安装、使用、拆卸安全技术规程〉宣贯及建筑起重机械规范管理培训的通知》，建质安总[2010]20 号，2010 年 3 月 23 日发布，2010 年 3 月 23 日实施。

《天津市建设工程质量安全监督管理总队关于开展 2009—2010 年度建筑施工企业"三类人员"安全生产教育培训工作的通知》，建质安总[2010]8 号，2010 年 1 月 21 日发布，2010 年 1 月 21 日实施。

《天津市建设工程质量安全监督管理总队办公室关于加强建设工程冬期施工质量安全管理的通知》，建质安总[2009]3 号，2009 年 11 月 4 日发布，2009 年 11 月 4 日实施。

《天津市建设管理委员会关于进一步加强地下结构工程质量安全管理的通

知》，建质安[2009]355号，2009年4月28日发布，2009年4月28日实施。

《天津市建设管理委员会关于成立地下结构工程质量安全管理办公室的通知》，建质安[2009]364号，2009年4月26日发布，2009年4月26日实施。

《天津市建设管理委员会关于开展〈天津市轨道交通地下工程质量安全风险控制指导书〉培训工作的通知》，建质安[2009]223号，2009年3月23日发布，2009年3月23日实施。

《天津市建设管理委员会关于印发〈天津市建设工程质量检测工作指导书〉的通知》，建质安[2008]1025号，2008年11月7日发布，2008年11月7日实施。

《天津市建设管理委员会关于加强建设工程质量检测机构资质动态监管的通知》，建质安[2008]1026号，2008年11月7日发布，2008年11月7日实施。

《天津市建设管理委员会关于天津市开展建设工程质量监督机构和人员考核工作的通知》，建质安[2008]494号，2008年5月30日发布，2008年5月30日实施。

《天津市建设工程质量监督管理站关于进一步规范施工质量控制资料的通知》，建质管[2008]22号，2008年5月16日发布，2008年5月16日实施。

《天津市建设工程质量监督管理站关于加强调直和冷拉钢筋质量检查验收工作的通知》，建质管[2008]21号，2008年5月14日发布，2008年5月14日实施。

《天津市建设工程质量监督管理站关于实行〈预拌混凝土使用说明书〉制度的通知》，建质砼[2008]9号，2008年2月29日发布，2008年2月29日实施。

《天津市发展和改革委员会关于加强示范小城镇工程质量管理的通知》，津发改区县[2007]632号，2007年9月4日发布，2007年9月4日实施。

《天津市建设管理委员会关于加强天津市城市道路工程质量通病治理的通知》，建质安[2007]922号，2007年8月23日发布，2007年8月23日实施。

《天津市建设管理委员会关于颁布〈天津市民用建筑节能工程质量验收规程〉的通知》，建科教[2007]511号，2007年5月10日发布，2007年6月1日实施。

《天津市建设管理委员会关于印发〈天津市住宅工程质量分户验收管理规定〉的通知》，建质安[2006]1064号，2006年10月23日发布，2006年11月

1日实施。

《天津市建设管理委员会关于加强天津市深基坑工程质量管理的通知》，建质安[2006]750号，2006年7月24日发布，2006年7月24日实施。

《天津市建设管理委员会关于天津市建设工程质量检测机构资质就位工作的通知》，建质安[2006]682号，2006年7月10日发布，2006年7月10日实施。

《天津市建设管理委员会关于加强市政基础设施工程质量验收监管的通知》，建质管[2004]400号，2004年4月25日发布，2004年4月25日实施。

《天津市园林管理局园林绿化工程质量监督制度(试行)通知》，2003年4月28日发布，2003年4月28日实施。

《天津市建设交通委关于印发〈天津市建筑施工企业信用等级评定办法〉的通知》，津建筑[2013]664号，2013年10月11日发布，2013年10月1日实施。

《天津市城乡建设和交通委员会关于印发〈天津市建筑业企业信用评价指标体系和评分标准〉的通知》，建筑[2010]322号，2010年4月23日发布，2010年4月23日实施。

《天津市城乡建设和交通委员会关于印发〈天津市建筑施工企业信用评价试行办法〉的通知》，建筑[2010]214号，2010年3月23日发布，2010年3月23日实施。

《天津市建设管理委员会关于印发〈天津市建筑市场各方主体信用信息归集标准〉的通知》，建筑[2008]880号，2008年8月27日发布，2008年12月1日实施。

《天津市建设管理委员会关于印发〈天津市建筑市场信用信息管理办法〉的通知》，建筑[2008]212号，2008年3月17日发布，2008年4月17日实施。

第3章
《天津市建设工程质量管理条例》的立法质量评估

3.1 《条例》立法形式评估

在立法质量评估部分，课题组针对《条例》立法形式的评估，主要是从法条的规定出发，分别从立法主体、立法程序、立法体例、立法技术四个方面展开，集中探讨《条例》规范本身的合法性与合理性。

3.1.1 《条例》立法主体合法性评估

立法主体是各种立法活动参与者的总称，是立法权的直接行使者。立法活动过程中的每一个步骤，都依赖于一定立法主体行使相应的立法权才得以实现。立法主体的表现形态极为复杂，政权机关或其他社会组织、团体根据宪法和法律规定或授权都有权制定规范性文件。《天津市建设工程质量管理条例》是天津市人大常委会制定的，属于政权机关制定的规范性文件。

3.1.1.1 立法主体权力来源合法

《天津市建设工程质量管理条例》属于地方性法规，是法正式渊源的一种，地方性法规由省、自治区、直辖市，以及部分"较大的市"的人大及其常委会制定，这在《中华人民共和国宪法》《中华人民共和国地方各级人民代表大会和地方各级人民政府组织法》，以及《中华人民共和国立法法》都有明确的规定。

《宪法》第一百条规定：省、直辖市的人民代表大会和它们的常务委员会，在不同宪法、法律、行政法规相抵触的前提下，可以制定地方性法规，报全国人民代表大会常务委员会备案。《条例》的制定是天津市人大常委会按照立法程序，在经过充分讨论之后制定出来的，因此完全符合宪法规定。

现行《立法法》第六十三条规定：省、自治区、直辖市的人民代表大会及其常务委员会根据本行政区域的具体情况和实际需要，在不同宪法、法律、行政法规相抵触的前提下，可以制定地方性法规。本条例由天津市人大常委会制定，在内容上结合天津市建筑市场的特征与自身发展水平。因此,《条例》符合《立法法》规定。

此外,《中华人民共和国建筑法》与国务院《建设工程质量管理条例》中对于各工程单位主体的责任和义务的规定，以及建设工程的质量和安全管理，行政单位的监督管理和违反规定后的法律责任，这些内容在《条例》中都得到了很好的体现，并且《条例》在内容上设计得更为细致，将质量检测单位、施工图审查机构都包含了进去，在内容上与上位法相一致。

3.1.1.2 立法主体权限范围合法

立法权是由特定国家机关行使的，在国家权力体系中占据特殊地位的，制定、认可和变动法的综合性权力。根据《天津市地方性法规制定条例》第五条规定：市人民代表大会和市人民代表大会常务委员会依照法律规定行使地方性法规制定权。天津市人大常委会的立法权属于立法权限中的地方立法权，并且属于地方立法权中的一般地方立法。

我国《立法法》第六十四条将法规的性质分成三种：一是为执行法律、行政法规的规定，需要根据本行政区域的实际情况做具体规定的事项；二是属于地方性事务要制定地方性法规的事项；三是其他事项国家尚未制定法律或者行政法规的，省、自治区、直辖市和较大的市根据本地方的具体情况和实际需要，可以先制定行政法规。《天津市建设工程质量管理条例》属于第二种，即自主性立法事项，是为了本市的建设质量安全而立。因此，在立法权限方面《条例》也完全符合规定。

综上，本《条例》的立法主体是天津市人大常委会，由其根据《宪法》《立法法》等法律规定行使法定立法权，且本《条例》在内容上属于该主体可以制定地方性法规的事项，所以，本《条例》的立法主体合法。

3.1.2 《条例》立法程序合法性评估

立法程序是指有权立法机关在制定、变更规范性法律文件的活动中，必须遵循的法定步骤和方法。

在我国，立法程序合法性评估最重要的法律依据是《立法法》。

《立法法》第六十八条规定：地方性法规案、自治条例和单行条例案的提出、审议和表决程序，根据《中华人民共和国地方各级人民代表大会和地方各级人民政府组织法》，参照本法第二章第二节、第三节、第五节的规定，由本级人民代表大会规定。

《立法法》第六十九条规定：省、自治区、直辖市的人民代表大会常务委员会制定的地方性法规由常务委员会发布公告予以公布。

《立法法》第七十条规定：地方性法规、自治区的自治条例和单行条例公布后，及时在本级人民代表大会常务委员会公报和在本行政区域范围内发行的报纸上刊登。在常务委员会公报上刊登的地方性法规、自治条例和单行条例文本为标准文本。

《立法法》第八十九条规定：省、自治区、直辖市的人民代表大会及其常务委员会制定的地方性法规，报全国人民代表大会常务委员会和国务院备案。

除上述《立法法》相关规定之外，2008年《天津市地方性法规制定条例》第三章中亦规定了天津市人大常委会制定地方性法规应遵循的具体程序。主要包括：（1）天津市人大常委会制定《天津市建设工程质量管理条例》由法律工作委员会向人大常委会会议提出地方性法规案；（2）常务委员会两次审议地方性法规案，常务委员会会议第一次审议地方性法规案，在全体会议上听取提案人的说明，常务委员会会议第二次审议地方性法规案，在全体会议上听取法制委员会关于法规草案修改情况的汇报或者审议结果的报告，由全体会议对法规草案修改稿进行审议；（3）常务委员会会议审议地方性法规案时，提案人派人听取意见，回答询问，市人民代表大会专门委员会和常务委员会的有关工作机构召开座谈会、论证会，地方性法规案经常务委员会两次会议审议后，各方面意见比较一致，交付表决；（4）常务委员会通过的地方性法规由常务委员会发布公告，予以公布，并报全国人民代表大会常务委员会和国务院备案。

结合上述两部法律规范的相关规定，在《条例》立法程序的合法性评估方面，课题组主要从法律草案的提出、审议、表决、公布、备案五个方面进行评估。

综合对《条例》立法过程的考察，可以看出，《条例》在提出、审议、表决、公布、备案五个方面皆严格遵循了《立法法》和《天津市地方性法规制定条例》中的程序性规定，立法程序合法。

3.1.3 《条例》立法体例合理性评估

立法体例是指法的形式构造，主要包含法律内容安排和条文的设置。目的是从形式上对法律内容进行简化和条理化。立法体例属于立法形式，对立法体例的选择，不仅体现了立法者对立法理念、立法内容的理性把握，而且还体现了立法者对立法之社会、政治、经济功能的理性预期。对立法体例的评估也必须紧紧围绕这一内涵进行。

《条例》以天津市建筑市场实际为基础，以《立法法》第六十三、六十四条为依据，按照《中华人民共和国建筑法》与国务院《建设工程质量管理条例》的立法理念制定，对上位法进行了具体细化和深化。

3.1.3.1 《条例》在宏观体例和逻辑结构上的合理性

首先，《条例》在宏观体例设置上非常合理。作为一部地方性法规，《条例》的章节有其特定名称及布局安排，反映出《条例》在宏观体例上的框架和逻辑结构。《条例》一共分为六章五十条，分别是总则、工程质量责任、工程验收和质量保修、监督管理、法律责任、附则。这种体例，使得主体突出，权责分明，全文结构清晰，言简意赅。

其次，《条例》在逻辑结构上安排较合理。

《条例》在总则中写明了立法目的和依据。第二条规定了条例的调整对象，在天津市行政区域内从事建设工程的新建、改建、扩建等有关活动，以及对建设工程质量实施的监督管理，都应当遵循本条例。第三条列明了负有监督管理职责的机关。第四条、第五条提出了对本条例规定主体的要求。第六条写明了本市鼓励的做法。第二章是工程质量责任，提出了建设、勘察、设计、施工、工程监理、建设工程质量检测单位与施工图审查机构的职责。第三章是工程验收和质量保修,当《条例》规制的各主体履行完其职责后,必然要经历一个验收阶段,《条例》这样的设计安排,也符合实践中工程类项目流程。第四章是监督管理,主要明确建设工程质量监督机构应当履行的职责和在履行职责时有权采取的措施,也规定了市建设行政主管部门的权利和义务。第五章是法律责任,规定了建设、勘察、设计、工程监理、建设工程质量检测、施工图审查机构违反规定后的法律责任。这也符合一般的体例安排,最后规定法律责任。最后一章是附则,本条例的施行日期及旧条例的废止。《条例》正文前还有一段综述,说明《条例》制定的主体,通过的时间和地点以及生效时间。

  《条例》第二章到第五章是具体规则的规定。法律规则是法律正文的主体,是法适用的基本依据,一般包括适用条件、行为模式与法律后果。《条例》第二章到第四章规定了假定条件和行为模式,第五章规定了法律后果。行为模式以授权模式、义务模式和禁止模式相结合的方式进行表述。授权模式以"可以"用词为主,共有7条;义务模式以"应当"用词为主,共有33条。禁止模式以"不得"为主,共有5条。也存在两种模式同时存在的情形(见表3-1)。基本上每章节的内容都涵盖了本章节全部所需调整的内容。在这三种模式中义务模式占了绝大部分,这使《条例》更加明确建设工程质量各方主体的义务和禁止行为,有利于对其行为的规范和引导,以实现立法目的。因此综合来看,《条例》是一部以义务为主的法律规范。

表 3-1　行为模式与法条、内容对照表

行为模式	法条	内容
授权模式	第二十九条	施工单位卫在保修期内不履行保修义务的，建设单位可委托其他施工单位维修。
	第三十条	受害人因质量缺陷造成损害的，可向建设单位提出赔偿要求。
	第三十三条	市建设行政主管部门根据本市建设工程质量管理需要，可以组织编制高于国家标准的地方工程建设标准和技术规范，以及推广、限制和禁止使用的技术、工艺、材料和设备目录，并向社会公布。
	第三十六条 第四十一条	建设行政主管部门对于违反《条例》的规定可处以罚款。
	第四十六条	建设、勘察、设计、施工、工程监理单位及其注册执业人员依法受到行政处罚的，可以将其违法行为和处理结果记入建筑市场信用信息系统。
	第四十九条	当事人对行政处罚决定不服的，可以依法申请行政复议或者提起行政诉讼。
禁止模式	第十条 第三款	施工单位不得转包和违法分包所承包的建设工程，施工过程中不得偷工减料或者擅自修改工程设计，不得使用未经检测或检测不合格的建筑材料、建筑构配件、设备和商品混凝土。 工程监理单位不得与建设单位或者施工单位恶意串通、弄虚作假降低工程质量。
	第十一条 第一款	施工图审查机构应当在规定期限内完成审查，不得出具虚假审查合格书。
	第十三条 第一至三款	任何单位和个人不得擅自修改经审查合格的施工图设计文件。 未经阶段验收或者阶段验收不合格的，施工单位不得进入下一阶段施工，建设单位不得组织竣工验收。
	第十九条 第二款	对未在建设单位或者工程监理人员见证下取样的试块、试件，以及有关建筑材料，建设工程质量检测单位不得出具见证检测取样报告。

续表

行为模式	法条	内容
义务模式	第七至十三条	建设、勘察、设计、施工、工程监理、建设工程质量检测、施工图审查机构的工程质量责任。
	第十八至二十三条 第二十七至二十九条	建设、勘察、设计、施工单位以及建设行政主管部门的工程验收和质量保修责任。
	第三十一条 第三十四条	建设工程质量监督机构应当履行的监督管理职责以及市建设行政主管部门的责任。
	第三十五条 第三十七至四十条 第四十二至四十四条	勘察、设计、施工、工程监理、建设工程质量检测、施工图审查机构违反《条例》后行政主管部门给予的处罚。
	第四十五条	建设、勘察、设计、施工、工程监理单位违反国家规定，降低工程质量标准，造成重大安全事故，构成犯罪的，对直接责任人员依法追究刑事责任。
	第四十七条	国家工作人员在建设工程质量监督管理工作中索贿受贿、玩忽职守、滥用职权、徇私舞弊，构成犯罪的，依法追究刑事责任；尚不构成犯罪的，依法给予处分。
	第四十八条	建设、勘察、设计、施工、工程监理单位的工作人员因调动工作、退休等原因离开该单位后，被发现在该单位工作期间违反国家和本市有关建设工程质量管理规定，造成重大工程质量事故的，仍应当依法追究法律责任。

3.1.3.2 《条例》与国务院《建设工程质量管理条例》的相似性和独特性

国务院在2000年制定并颁布了《建设工程质量管理条例》，随即成为各省市制定相关《条例》的蓝本。国务院条例分为九章八十二条，分别为总则，建设单位的质量责任和义务，勘察、设计单位的质量责任和义务，施工单位的质量责任和义务，工程监理单位的质量责任和义务，建设工程质量保修，监督管理，罚则与附则。综合来看，《条例》与国务院《建设工程质量管理条例》在内容和体例上是相似的。

同时《条例》也做了部分创新，体现了天津的地方特色。

其一，增加了部分相关主体。例如，施工图审查机构和质量检测单位。将更多的相关责任主体纳入进来，使得《条例》在内容上更加全面。

其二，对各责任主体权利义务规定得更为具体和详细。从结构上来看，国务院《条例》根据各责任主体安排章节结构；而天津市《条例》按照基本制度安排章节。两者都是合理和周延的，没有孰优孰劣之分。但是，课题组认为《条例》的安排重点更突出，逻辑更合理。

其三，《条例》监督管理、罚则、附则部分，结构与国务院《条例》相似，内容略有差异。

从整体上看，《条例》继承了国务院《条例》优点的同时，还体现了许多天津市的特色。

3.1.3.3 《条例》与其他省市《建设工程质量管理条例》的相似性和先进性

地方性条例不仅需要继承上位法的优点，还要借鉴兄弟省市的立法经验。以《浙江省建设工程质量管理条例》为例，该《条例》于1995年制定，2001年进行了部分修订。分为六章四十三条，分别规定了总则、建设工程质量责任、工程保修和质量投诉、质量监督管理、法律责任和附则。与该《条例》相比，总则部分基本一致。但是天津市《条例》增加了鼓励采用先进科学技术和管理方法的内容，增加了鼓励推行建设工程质量保险制度的内容。表明《条例》具有一定的前瞻性和先进性。第二章两个条例的逻辑安排比较一致，都将建设工程质量各方主体的责任放在一章内，这样对主体责任的具体规定就显得尤为清晰和完整。但是两者在内容安排上还是存在较大差异。浙江省条例将建设单位规定为业主，将承包和验收放在一起规定。这样规定虽然和建设工程实践相一致，但是却不够清晰，不如天津市《条例》严格按照责任主体分别加以规定，同时加入了其他主体的规定。天津市《条例》把验收和保修放在专章规定，更能体现上述活动在质量控制过程中的重要性。两个条例在监督管理和法律责任部分的安排基本一致。

其他省市相关立法的体例见表3-2。总体而言，天津市《条例》与其他省市相关立法相比，体例上基本一致，都能体现一定的逻辑性，但天津市《条例》更为简洁、清晰、科学和合理。

表3-2 其他省市相关立法体例

法规名称	体例
《广东省建设工程质量管理条例》	第一章 总则 第二章 质量义务 第三章 工程质量控制与验收 第四章 工程质量保修 第五章 监督管理 第六章 法律责任 第七章 附则
《内蒙古建设工程质量管理条例》	第一章 总则 第二章 建设工程质量监督 第三章 建设单位和工程监理单位的质量责任 第四章 勘察设计单位的质量责任 第五章 施工单位的质量责任 第六章 工程质量保修和质量投诉 第七章 法律责任 第八章 附则
《云南省建设工程质量管理条例》	第一章 总则 第二章 建设工程质量监督管理 第三章 建设单位的质量责任 第四章 勘察设计单位的质量责任 第五章 施工单位的质量责任 第六章 建设监理单位的质量责任 第七章 工程质量保修 第八章 法律责任 第九章 附则
《上海市建设工程质量和安全管理条例》	第一章 总则 第二章 建设单位的责任和义务 第三章 勘察、设计单位的责任和义务 第四章 施工单位的责任和义务 第五章 监理、检测、监测单位的责任和义务 第六章 监督管理 第七章 法律责任 第八章 附则

续表

法规名称	体例
《陕西省建设工程质量管理条例》	第一章 总则 第二章 建设单位的质量和安全生产责任 第三章 勘察、设计、施工图审查机构的质量和安全生产责任 第四章 施工单位和建筑材料、设备生产销售单位的质量和安全生产责任 第五章 工程监理、工程质量检测单位的质量和安全生产责任 第六章 建设工程质量保修 第七章 监督管理 第八章 法律责任 第九章 附则
《福建省建设工程质量管理条例》	第一章 总则 第二章 建设单位的质量责任与义务 第三章 勘察、设计单位的质量责任与义务 第四章 监理、检测单位的质量责任与义务 第五章 工程监理、工程质量检测单位的质量和安全生产责任 第六章 建设工程验收与保修 第七章 建设工程质量监督管理 第八章 法律责任 第九章 附则
《浙江省建设工程质量管理条例》	第一章 总则 第二章 建设工程质量责任 第三章 工程保修和质量投诉 第四章 质量监督管理 第五章 法律责任 第六章 附则

3.1.4 《条例》立法技术合理性评估

如前所述，狭义范畴的立法技术的合理性评估主要是从立法名称和立法语言两个层面展开。

3.1.4.1 立法名称

法的名称是人们直观认知的法的外部称谓。规范化的法的名称一般应具备一些基本要素，以便能够反映其适用范围、调整对象和内容、效力等级。法的名称的拟定也是立法技术的重要表现。我国立法中对法的名称的使用尚不统一，也没有特定的法律对其进行统一规范，这一问题，在我国行政法规、地方性法规和规章的中表现得尤为明显。

"天津市建设工程质量管理条例"中"天津市"申明了本条例的适用范围；"建设工程质量管理"不仅体现了其适用的对象和内容，也说明其行政法的属性；"条例"一词的使用并没有法律的明确规定，但在我国立法实践中，通常默认只有行政法规和地方性法规才可以被称为"条例"。所以，《条例》在名称使用上加上"天津市"的限定，就可以辨别其地方性法规的效力位阶。

综上，课题组认为，《条例》的名称是合理和科学的。

3.1.4.2 立法语言

立法的语言表达一般包含三个方面，即：立法词语的运用技术、条文语句组织技术、标点符号的使用。

立法词语应准确、简洁、清楚、通俗、严谨和规范。

就《条例》而言，其调整对象是"天津市行政区域内从事建设工程的新建、改建、扩建等有关活动，以及对建设工程质量实施监督管理"，对象具有特定性，用词必须要符合该行业的规范及习惯。

3.1.4.2.1 立法词语的运用技术

总体上，《条例》的立法语言文字严密周详，没有出现矛盾和漏洞。语言文字平实质朴，没有修饰性词汇和深奥难懂的词汇。方言土语在《条例》中没有出现。法条所使用的词语能清楚地表明法的作用和目的，能够为人们所理解和掌握，让读者能对法律的理解形成共识，一般不会产生分歧。

对于相同的概念，原则上《条例》都采用了相同的词语表达，且与上位法中的词汇保持一致，具有统一明确的内涵。《条例》在表达上能够使用最少的语言文字正确表达出尽可能多的内容，符合语言使用规范。

但是，个别地方存在着用语模糊、表达不清的问题：

例如，《条例》中有多个条文使用了"及时"一词。第十条，"施工单位发现设计文件和图纸有差错的，应当及时向建设单位提出"。第十二条，"建设工程质量检测单位应当建立检测结果台账，出现检测结果不合格的项目应当如实记入不合格项目台账，并及时书面通知委托单位和建设工程质量监督机构。"第十四条，"建设单位接到通知后应当及时组织验收"。第二十六条，"建设工程在保修期限内出现质量缺陷，建设单位应当向施工单位发出保修通知。施工单位接到保修通知后，应当到现场核查情况，及时予以保修。商品房在保修期限内出现质量缺陷，购房人有权要求房地产开发企业履行保修义务，房地产开发企业应当及时予以保修。"不再列举，整个《条例》使用"及时"一词共有13处，究竟何为"及时"，没有明确界定。

再如，《条例》中共有9处使用"擅自"一词。第十条，"施工单位应当根据工程规模和技术要求及合同约定配备相应的项目负责人和专业技术人员、管理人员；项目负责人应当具有相应的建造师资格，并且不得擅自更换。施工单位不得转包和违法分包所承包的建设工程，施工过程中不得偷工减料或者擅自修改工程设计，不得使用未经检测或者检测不合格的建筑材料、建筑构配件、设备和商品混凝土。"第十一条，"工程监理单位应当根据合同约定配备具有相应资格的监理项目负责人和其他监理人员进驻施工现场；监理项目负责人应当具有监理工程师资格，并且不得擅自更换。"第十三条，"任何单位和个人不得擅自修改经审查合格的施工图设计文件。"不再一一列举。"擅自"一词的确切含义应该在立法中加以明确。课题组在与相关主体座谈时获知，由于"擅自"一词立法原意模糊，建设行政主管部门直接将其解释为"禁止"，导致执法偏离了立法原意。

3.1.4.2.2 条文语句组织技术

立法语言是法律语言的书面表现形式之一，而且其最终以法条的形式呈现出来，所以法条语句的组织也是立法语言技术的重要内容。法条语言应当具有准确性、包容性、逻辑性。就本《条例》而言，总体上，条文表述清晰，基本没有模棱两可的地方，做到了表达准确。条文在组织结构上彼此间呈相对独立、各负其责的关系；在内容上，条与条之间、每一条内部的款与款之间首尾相连，依次展开，不仅内容全面，在逻辑上也体现了立法的严谨性。

3.1.4.2.3 标点符号的使用

作为语言规范的重要组成部分，标点符号的科学、合理使用也是立法技术合理性评估的重要内容之一。人们习惯认为，标点的使用对立法内容的影响没有词语或语句大。但在立法的实施过程中，某些标点的误用有时甚至也会改变法条的目的；或者即使标点不会改变立法目的，误用也会降低法的权威性。因此，标点的正确使用不仅有助于规范条文的表达，精确传递立法者的立法目的，同时也有助于增强法律本身的严肃性和权威性，是立法技术科学、合理的重要评估标准之一。《条例》标点符号使用规范，但也有一些细节出现错误：例如第二十二条"建设行政主管部门在收到竣工验收备案文件、验证文件齐全后，应当在工程竣工验收备案表上签收。"文本中的顿号应该改为逗号。

3.2 《条例》立法内容评估

立法内容的质量评估包括实体权利义务、程序权利义务的合法性和合理性评估。权利的实现和义务的履行均依赖于法律主体的行为，鉴于《条例》的具体条款涉及的各方主体之实体权利和程序权利分处于不同章节，较为分散，为更全面的评估《条例》具体立法内容，课题组将以建设工程质量责任各方主体为划分标准，将各方主体涉及的义务和责任条款进行归类汇总，使后续的评估更加清晰系统。

表3-3 建设工程质量责任主体权利和义务法条对应情况表

责任主体	建设工程质量责任	工程验收	质量保修	监督管理	法律责任
建设单位	第七条 第十一条	第十四条 第十八条 第十九条 第二十条 第二十一条 第二十三条	第二十四条 第二十五条 第二十六条 第二十七条 第二十八条 第二十九条 第三十条	第十四条 第二十二条 第二十七条 第三十一条	第三十八条 第四十条 第四十二条 第四十四条 第四十五条 第四十六条 第四十八条
勘察单位	第八条	第十五条		第十五条 第三十一条	第三十五条 第四十五条 第四十六条 第四十八条
设计单位	第九条	第十六条	第二十七条	第二十七条 第三十一条	第三十五条 第四十条 第四十五条 第四十六条 第四十八条

续表

责任主体	建设工程质量责任	工程验收	质量保修	监督管理	法律责任
施工单位	第十条 第十一条	第十七条 第十八条 第十九条	第二十五条 第二十六条 第二十七条 第二十九条	第十四条 第十八条 第二十七条 第三十一条 第三十二条	第三十六条 第三十七条 第三十八条 第四十条 第四十一条 第四十二条 第四十三条 第四十五条 第四十六条 第四十八条
工程监理单位	第十一条	第十八条 第十九条		第三十一条	第三十六条 第三十八条 第四十五条 第四十六条 第四十八条
建设工程质量检测单位	第十二条	第十九条		第十二条	第三十九条
施工图审查机构	第十三条				第四十条

3.2.1 对《条例》实体权利义务评估

关于《条例》实体权利义务评估，主要具体评价《条例》各主体权利义务的合法性和合理性两个方面。

3.2.1.1 《条例》实体权利义务具有合法性

对《条例》实体权利义务合法性的评估，主要通过文理分析和问卷调查两种方式来论证。

3.2.1.1.1 《条例》实体权利义务创设符合上位法

首先，《条例》实体权利义务创设符合其上位法的目的。如《中华人民共和国建筑法》以"加强对建筑活动的监督管理，维护建筑市场秩序，保证建设工程的质量和安全，促进建筑业健康发展"为目的；《条例》以保障安全、系统监管、依法严管为原则，以加强天津市建设工程质量管理，保护人民群众生命财产安全为目的。可见《条例》的原则和目的完全符合上位法的原则和目的。

其次,《条例》大部分实体权利义务规定是其上位法规定的细化和延伸。《条例》以《中华人民共和国建筑法》、《中华人民共和国行政处罚法》、国务院《建设工程质量管理条例》等为依据,针对天津市建设工程的具体情形进行有针对性的细化和延伸。《条例》主体资格制度来源于《建筑法》对从事建筑活动的企业从业资格的规定;对于主体承担责任的处罚的规定,符合《行政处罚法》的规定。例如,《条例》第三十二条规定:建设工程质量监督机构履行监督检查职责时,有权采取下列措施:要求被检查单位提供有关工程质量的文件和资料;……法律、法规规定建设工程质量监督检查的其他措施。此条款的依据是国务院《建设工程质量管理条例》第四十八条:县级以上人民政府建设行政主管部门和其他有关部门履行监督检查职责时,有权采取下列措施:要求被检查的单位提供有关工程质量的文件和资料;进入被检查单位的施工现场进行检查;发现有影响工程质量的问题是,责令改正。可见,《条例》的规定,是在充分考虑上位法法律法规的基础上制定的,其具体规定,完全符合上位法的要求。

再次,《条例》实体权利义务对上位法尚无规定之处在其权限范围的创新,也符合上位法的规定。《条例》在不违背《立法法》的原则下,参照相关政策、部门规章及兄弟省市立法,进行创新型尝试,起到了地方先行立法的作用。实体权利规定上,《条例》第八条关于实施代建制建设项目管理单位的选择方式、资质及要求的规范,参照了建设部《建设工程项目管理试行办法》之规定,明确了代建制的法律地位和基本程序,弥补了此前代建制立法的不足,为规范天津市代建项目管理,促进代建项目的健康运行有积极促进作用。在建筑市场制度中,《条例》参照《关于健全和规范有形建筑市场若干意见的通知》以及北京、湖南等省市条款,将工程交易市场职责、管理服务机构的禁止性事项、工作人员行为规范等内容予以规定,对于贯彻落实国家政策,健全有形建筑市场建设,发挥有形市场作用起到了指引和规范作用。程序权利规定中,《条例》第五条规定建设市场信用信息系统的职能、职责,系参照建设部《诚信管理办法》第四条建筑信用市场运作程序,故《条例》将信用体系的职能定为"归集、评价、发布建筑活动当事人信用信息,向社会提供信用信息查询"。此外,在参考国务院相应规章制度时,《条例》亦与天津市已有法律法规相吻合,如监理单位职责的规定,便与《天津市建设工程监理管理规定》第二条所述相符。

3.2.1.1.2　各方主体普遍认可《条例》与其上位法之间协调一致性

课题组对分别来自建设工程建设单位、勘察单位、设计单位、施工单位、工程监理单位、施工图审查机构、质量监测单位的167名人员进行了问卷调查，问题是："《条例》与《中华人民共和国建筑法》、国务院《建设工程质量管理条例》的协调一致程度如何？"，其中166名被调查人员反馈了有效问卷。认为本条例与其上位法非常协调一致的为22人，有效百分比13.2%；比较一致的为99人，有效百分比59.3%；一般的为40人，有效百分比24%；不太一致的为2人，有效百分比1.2%；非常不一致的为3人，有效百分比1.8%。可见有97%的受访者认可《条例》与其上位法之间协调一致。

因此，无论从文理分析还是实证分析，均可以得出《条例》实体权利义务具有合法性。

3.2.1.1.3　《条例》权利体系设置符合上位法

首先，《条例》针对各类主体设置了较为完备的权利体系。建设单位享有组织建设权、勘察单位享有勘察的权利、设计单位享有设计权、施工单位享有施工的权利、工程监理单位享有工程监理权、建设工程质量检测单位享有检测权、施工图审查机构享有审查权。由此可见，各主体在建设工程各环节均可以获得自身应有的权利，即从权利需求上，《条例》的体系是完善的，这样的体系设置，可以充分保障建设工程各环节的顺利进行。

表3-4　各类主体在建设工程中所享有的权利

法条	权利主体	流程阶段	享有的权利
第七条	建设单位	工程建设全程	承接建设工程
第八条	勘察单位	勘察阶段	进行勘察
第九条	设计单位	设计阶段	进行设计
第十三条	施工图审查机构	施工图审查阶段	对施工图设计文件进行审查
第十条	施工单位	施工阶段	进行施工
第十一条	工程监理单位	工程建设全程	对设计文件和施工方案的执行、建筑材料核验和工序验收等实施监理
第十二条	建设工程质量检测单位	工程质量检测阶段	按照技术规范和标准进行检测

其次，《条例》设置义务体系也符合上位法。《条例》规定了建设单位严格按照合同约定组织建设的义务；规定了勘察单位出具勘察文件的义务；规定了设计单位出具设计文件的义务；规定了施工单位按照要求组织施工并对所承建的建设工程施工质量负责的义务；规定了工程监理单位对施工质量实施监理，并对施工质量承担监理责任的义务；规定了建设工程质量检测单位出具检测报告的义务；规定了施工图审查机构对施工图设计文件进行审查并承担审查责任的义务。由此可见，在《条例》赋予某一主体权利的同时，也赋予了另一主体在质量问题上相应的义务，其权利和义务是一一对应的。权利的实现要求义务的履行，义务的履行要求权利的实现。《条例》这样的设置，使得主体能够更好地行使自己的权利、履行自己的义务，最终达到保障建设工程顺利进行的目的。

通过详细分析《条例》设置的权利义务体系，我们发现这些权利义务的设定，均没有违反上位法的规定。

3.2.1.1.4 《条例》责任设置符合上位法

首先，义务主体与责任主体相对应。建筑市场作为参与主体广泛的特殊市场，建设工程质量的保障需要各方主体切实履行自己的义务，但如果没有法律强制规定，主体不履行义务时需要承担法律责任，建筑市场主体出于自身经济利益的考虑，可能会漠视建设工程整体质量，疏于履行自己的义务。因此，在《条例》中将义务主体与责任主体，义务与责任相对应就显得尤为重要。

《条例》第八条、第九条、第十五条、第十六条分别规定了勘察单位、设计单位、施工单位在勘察、设计、施工各个环节中所要履行的义务，第三十五条规定了违反这些义务所要承担的法律责任。如第九条规定设计单位的义务是应当依照法律、法规、规章、工程建设标准、勘察文件及合同约定进行设计，出具设计文件，对其设计质量负责，不得指定建筑材料、建筑构配件的生产厂、供应商。第三十五条针对第八条规定的义务明确了设计单位违反此项义务所需承担的法律责任，即设计单位未根据勘察文件进行工程设计的；指定建筑材料、建筑构配件的生产厂、供应商的；设计单位未按照工程建设强制性标准进行设计的，由建设行政主管部门责令限期改正，并处以十万元以上三十万元以下的罚款；造成工程质量事故的，责令停业整顿，情节严重的，吊销资质证书。造成损失的，除承担行政责任外，还要承担民事赔偿责任。

法条的设置体现了义务主体与责任主体、义务与责任相对应的原则，这样的设置可以使义务主体在履行义务时明确了解不履行义务所造成的消极后果，从而敦促各方主体履行自己的义务。

表3-5 各类主体义务与责任体系分析

主体	义务	义务对应的法条	责任	责任对应的法条
建设单位	严格按照合同约定组织建设	第七条	对建设工程的安全性、耐久性、使用功能和节能环保等工程质量负总责	第七条
勘察单位	应当依照法律、法规、规章、工程建设标准及合同约定进行勘察	第八条	对其勘察质量负责	第八条
设计单位	依照法律、法规、规章、工程建设标准、勘察文件及合同约定进行设计	第九条	对其涉及质量负责	第九条
施工图审查机构	按照国家和本市有关规定对施工图设计文件进行审查	第十三条	对施工图承担审查责任	第十三条
施工单位	依照法律、法规、规章、工程建设标准、设计文件和合同约定组织施工	第十条	对所承建的建设工程施工质量负责	第十条
工程监理单位	依照法律、法规、规章、技术标准、设计文件及合同约定，对工程质量实施监理	第十一条	对施工质量承担监理责任	第十一条
建设工程质量检测单位	在其资质范围内按照技术规范和标准进行检测	第十二条	对出具的检测报告负责	第十二条

其次，法律责任体系设置完善。《条例》第五章对法律责任进行了细致的规定，第三十五条、三十八条、四十三条规定了相应主体在违反规定义务时所要承担的民事责任，如赔偿损失、承担连带赔偿责任等；第三十五条、三十六条、三十七条、三十九条、四十条、四十一条、四十二条、

第四十三条、第四十七条分别规定了相应主体在违反义务时所要被追究的行政责任，如行政罚款、吊销机构资质、行政处分等。《条例》第四十五条还规定了建设、勘察、设计、施工、工程监理单位违反国家规定、降低工程质量标准，造成重大安全事故，构成犯罪的，对直接责任人依法追究刑事责任。

从上述分析可见，《条例》的法律责任体系设置十分健全，包括民事责任、行政责任以及刑事责任，这样的设置在最大程度上完善了法律责任体系，针对相应主体不同程度的违反义务行为进行不同的追责，产生了较强的法律威慑力，督促各方主体及时全面地履行自己的义务，承担应负的责任，最终实现提升建设工程质量，保障社会公众利益的目的。

再次，责任惩罚强度与义务违反程度相对应。《条例》针对不同的义务违反程度设置了不同的责任惩罚强度，这样的设置充分体现了行政法上的比例原则。《条例》规定违反相应的义务必须承担责任，但责任的承担并非无标准，而是与违反义务的性质、情节轻重和造成的危害后果程度相对应的。如《条例》第三十五条规定，勘察单位未按照工程建设强制性标准进行勘察的，不按照规定参与验收或者出具的验收文件不真实的，由建设行政主管部门责令限期改正，并处十万元以上三十万元以下的罚款；造成工程质量事故的，责令停业整顿，降低资质等级；情节严重的，吊销资质证书；造成损失的，依法承担赔偿责任。本条款的设置充分体现了责任与义务对应、责任与后果相适应的比例原则。按照不同的后果，由建设行政部门调整惩罚的力度，后果严重的，可处以三十万元的罚款，造成工程质量事故的，责令停业整顿，情节严重的，吊销资质证书。造成损失的，除承担行政责任外，还要承担民事赔偿责任。这些细致的处罚规定按照不同的违规情形规定了不同的处罚力度与方式，充分体现了行政法的比例原则，对建筑市场主体起到了较强的威慑力。

表 3-6 各类主体违反义务及承担责任对应体系

主体	法条	违反义务的情形	所需承担的法律后果
建设单位	第四十二条	建设单位未按照规定组织阶段验收要求施工单位进入下一工序施工	由建设行政主管部门责令限期改正，并处以五万元以上十万元以下罚款
	第四十四条	提供虚假竣工验收备案文件	由建设行政主管部门责令限期改正，并处以十万元以上三十万元以下罚款
		将建设行政主管部门决定重新组织竣工验收的工程，在重新组织竣工验收前擅自使用	由建设行政主管部门处以工程合同价款百分之二以上百分之四以下的罚款
勘察单位	第三十五条	未按照工程建设强制性标准进行勘察的，不按照固定参与验收或者出具的验收文件不真实的	由建设行政主管部门责令限期改正，并处以十万元以上三十万元以下的罚款；造成工程质量事故的，责令停业整顿，降低资质等级；清洁严重的，吊销资质证书；造成损失的，依法承担赔偿责任
设计单位	第三十五条	设计单位未根据勘察文件进行工程设计；设计单位制定建筑材料、建筑构配件的生产厂、供应商的；设计单位未按照工程建设强制性标准进行设计的；不按照规定派驻设计代表，设计文件未注明等建设工程合理使用年限、允许最大沉降量、抗震设防裂度和防火妖气u，不按照规定参与验收或者出具的验收文件不真实的	由建设行政主管部门责令限期改正，并处以十万元以上三十万元以下的罚款；造成工程质量事故的，责令停业整顿，降低资质等级；清洁严重的，吊销资质证书；造成损失的，依法承担赔偿责任
施工图审查机构	第四十条	未按照规定的审查内容进行审查或者出具虚假审查合格书	由建设行政主管部门责令改正，并处以五万元以上十万元以下的罚款；情节严重的，由市建设行政主管部门撤销其施工图审查机构认定
		擅自修改经审查合格的施工图设计文件	由建设行政主管部门责令改正，并处以一万元以上五万元以下的罚款

续表

主体	法条	违反义务的情形	所需承担的法律后果
施工单位	第三十六条	未配备相应项目负责人和专业技术人员、管理人员，或者擅自更换项目负责人的	由建设行政主管部门责令改正，可处一万元以上五万元以下的罚款
施工单位	第三十七条	未按工程设计图纸或者施工技术标准施工；使用未经检测或者检测不合格的建筑材料、建筑构配件、设备和商品混凝土的；在施工中偷工减料的	由建设行政主管部门责令限期改正，并处以工程合同价款百分之二以上百分之四以下的罚款，造成建设工程质量不合格的，负责返工、修理，并赔偿因此造成的损失；情节严重的，责令停业整顿，降低资质等级或者吊销资质证书
施工单位	第四十二条	施工单位未经阶段验收或者验收不合格擅自进入下一工序施工	由建设行政主管部门责令限期改正，并处以五万元以上十万元以下罚款
工程监理单位	第三十六条	未配备相应监理项目负责人和其他监理人员，或者擅自更换监理项目负责人的；对工施工单位违反工程质量技术要求的相关行为未予以制止和报告的	由建设行政主管部门责令改正，可处一万元以上五万元以下的罚款
工程监理单位	第三十八条	工程监理单位与建设单位或者施工单位串通、弄虚作假降低工程质量，或者将不合格的建设工程、建筑材料、建筑构配件和设备按照合格签字的	由建设行政主管部门责令限期改正，并处以五十万元以上一百万元以下的罚款，降低资质等级或者吊销资质证书；有违法所得的，予以没收；造成损失的，承担连带赔偿责任
建设工程质量检测单位	第三十九条	超越资质范围从事检测业务；出现检测结果不合格项目未及时通知委托单位和建设工程质量监督机构；对未见证取样的试块、试件以及有关材料，出具见证取样检测报告	由建设行政主管部门责令改正，并处以一万元以上三万元以下的罚款
建设工程质量检测单位		伪造检测数据、出具虚假检测报告或者鉴定结论	情节严重的，吊销资质证书

可见，《条例》规定的责任主体与义务主体相对应；责任形式与义务形式相对应；《条例》的法律责任规定与上位法不存在冲突。

3.2.1.2 《条例》实体权利义务具有合理性

3.2.1.2.1 《条例》设置实体权利义务与天津市经济发展相适应

课题组针对 167 名来自工程建设单位、勘察单位、设计单位、施工单位、工程监理单位、施工图审查机构、质量监测单位等单位的调查对象进行了问卷调查，调查问题是："从整体上看，《条例》与天津市经济社会发展状况的匹配程度如何？"，其中 163 名受访者反馈了有效问卷。调查结果显示：认为《条例》与天津市经济社会发展状况匹配程度非常一致的有 18 人，有效百分比 10.8%；比较一致的有 86 人，有效百分比 51.5%；一般的有 47 人，有效百分比 28.1%；不太一致的有 10 人，有效百分比 6%；非常不一致的为 2 人，有效百分比 1.2%。这一结果印证了 92.8% 的受访者认为从整体上看《条例》与天津市经济发展相适应。

3.2.1.2.2 《条例》与同位阶、相邻位阶规范性文件之间是一致的

依据立法评估指标设置，评估实体权利义务的合理性包括《条例》与其同位法、相邻位阶法律之间是否存在冲突。《条例》作为地方性法规，其同位阶法律包括部门规章及天津市其他地方性法规。尽管同位法对《条例》无法律约束力，但为保持国家法制的基本统一性，《条例》应与同位法规定相协调，避免条款冲突与争议。

《条例》与《天津市建筑市场管理条例》、《天津市建设工程施工安全管理条例》等同位法在目的和原则方面具有一致性，与其他省市相关建设工程质量管理条例相比，除了各地特色规定不同之外，绝大部分内容具有相似性。

课题组针对 167 名来自工程建设单位、勘察单位、设计单位、施工单位、工程监理单位、施工图审查机构、质量监测单位等单位的调查对象进行了问卷调查，调查问题是："《条例》的内容与《天津市建筑市场管理条例》《天津市建设工程施工安全管理条例》等地方性法规的协调一致程度如何？"，其中 164 名受访者反馈了有效问卷。调查结果显示认为本《条例》与《天津市建筑市场管理条例》《天津市建设工程施工安全管理条例》等地方性法规的协调一致程度非常一致的为 22 人，有效百分比 13.2%；比较一致的为 86 人，有效百分比 51.5%；一般的为 49 人，有效百分比 29.3%；不太一致的为 5 人，有效百分比 3%；非常不一致的为 2 人，有效百分比 1.2%。由此可见，从整体

上看，96.8% 的受访者认为《条例》与同位法是相协调的。

3.2.1.2.3 《条例》自身规定不存在冲突

通过对《条例》文本进行文理分析，我们没有发现《条例》自身规定中自相矛盾的地方，但在与各方主体、专家和民工代表座谈时，集中反映了以下几个问题：

《条例》规定的权利义务在某些方面比较模糊，导致在理解上出现偏差。如建设单位工程质量首要责任制，即建设单位对建设工程质量负总责，其中"负总责"内涵比较模糊、不具体。各方主体认为建设单位负总责，这个规定非常好，但是需要从立法上明确"负总责"，即具体的职责和责任应当细化。如果不细化，导致在建设工程过程中出现的所有问题，都由建设单位负责，这样建设单位责任太重，有失权责相符的原则，如若遇到法律没有明确规定的质量问题，是否应由建设单位负责？如果立法不明确"负总责"的具体含义，将会引起解释和适用分歧。再如前文提及的"擅自"的解释适用问题。

另一个问题是工程监理单位的权利、义务和责任问题。《条例》对工程监理单位的义务过重，使其承担了过多的社会责任。当然这个问题不是《条例》本身的问题，而是上位法和整个工程监理制度的问题。

3.2.2 对《条例》程序权利义务评估

3.2.2.1 《条例》程序权利义务具有合法性

3.2.2.1.1 《条例》的程序条款符合上位法的要求

《条例》程序性条款规定符合上位法。例如，对于监督机构的职责分工符合《中华人民共和国建筑法》和《建设工程质量管理条例》的规定。《条例》第三条规定：市建设行政主管部门负责全市建设工程质量的监督管理工作，可以委托市建设工程质量监督机构具体组织实施。市政公路、交通港口管理部门配合建设行政主管部门做好相关工作。区、县建设行政主管部门按照职责分工负责本行政区域内建设工程质量的监督管理，并可以委托区、县建设工程质量监督机构具体组织实施。水行政管理部门按照职责分工负责水利专业建设工程质量的监督管理。此程序性条款的规定，符合《建筑法》第六条、《建设工程质量管理条例》第四条及四十三条第三款的规定。

《条例》程序救济规定与《行政复议法》《行政诉讼法》《行政处罚法》等

法律规定有效衔接。依据相关法律，建设工程中各类主体在行政法律关系和行政法律监督关系中可以转化为救济对象和监督主体，在其合法权益受到行政主体侵害时，可以依法申请行政救济。《条例》第四十九条规定：当事人对行政处罚决定不服的，可以依法申请行政复议或者提起行政诉讼。该具体规定符合上位法的要求。

3.2.2.1.2 《条例》程序权利体系设置符合上位法

首先，《条例》设置的程序权利义务非常完善。《条例》规定了各方主体应履行的程序权利义务。如《条例》第十二条规定，建设工程质量检测单位应当建立检测结果台账。《条例》第十三条规定，任何单位和个人不得擅自修改经审查合格的施工图设计文件。第二十一条规定，建设单位应当自建设工程竣工验收合格之日起十五日内，向建设行政主管部门办理建设工程竣工验收备案。第四十九条规定，当事人对行政处罚决定不服的，可以依法申请行政复议或者提起行政诉讼。从上述举例可见，条例规定了各方主体在建设工程各环节以及行政处罚过程中享有的权利，以及需要履行的义务，即从程序权利义务体系上分析，《条例》的设置是完善的。

其次，《条例》规定程序权利义务是实现实体权利义务的保障。程序权利通过作为的方式行使，通过保障实体权利的实现间接地获得实体利益。实体权利是程序权利产生的前提和基础，不享有实体权利就谈不上程序权利，程序权利是保障实体权利得以行使的前提。例如，建设单位享有工程竣工的权利，这是建设单位的实体权利，《条例》第二十一条规定建设单位应向建设行政主管部门办理建设工程竣工验收备案，这是建设单位的程序权利义务。由此可见，程序权利义务的作用是保障实体权利的实现。

从《条例》程序性文本分析来看，与其上位法不存在冲突，严格遵守上位法的规定。

3.2.2.1.3 《条例》设置的程序责任制度符合上位法

首先，义务主体与责任主体相对应。《条例》赋予各方主体在建设工程中所要承担的各种程序义务，包含出具勘察文件、出具设计文件等，针对这些义务，《条例》明确了不履行这些义务的责任。如《条例》第八条规定：勘察单位应当依照法律、法规、规章、工程建设标准及合同约定进行勘察、出具勘察文件、对其勘察质量负责。针对这一程序义务，《条例》第三十五条规定违反本条例第八条的，由建设行政主管部门责令限期改正，并处罚款；造成工程质量事故的，责令停业整顿，减低资质等级；情节严重的，吊销资质证书；造成损失的，依法承担赔偿责任。从建筑主体需要履行的义务和不履行义务所要承担的责任来看，《条例》的设置是一一对应的，程序义务的履行是实体义务履行的前提，这样的设置有利于敦促建筑行业主体及时履行自己的程序义务，从而最终达到使建筑行业主体履行实体义务的目的。

其次，责任处罚强度与义务违反程度相适应。行政程序正当的最低要求是行政主体在行政行为的整个过程中必须保持中立。行政主体在做出行政行为时，必须告知被执行行政行为的一方该行政行为所依据的法律事实及其法律依据。行政主体必须遵循"先调查取证，后决定执行"的顺序进行行政执法。行政程序的最低要求，规范了行政行为的基本要求。任何行政行为的做出，都必须达到行政正当程序的最低要求。《条例》第五章法律责任的规定，充分体现了程序正当原则。在规定行政主管部门有处罚权的同时，要求行政主管部门按照后果的严重性进行不同程度的处罚，这里就隐含着需要行政主管部门在处罚前，必须先调查取证，确认损害的事实及程度，再决定处罚的强度。

如《条例》第四十条规定，违反本条例第十三条规定，施工图审查机构未按照规定的审查内容进行审查或者出具虚假审查合格书的，由建设行政主管部门责令改正，并处以五万元以上十万元以下的罚款；情节严重的，由市建设行政主管部门撤销其施工图审查机构认定。此条款分为责令改正并处罚款以及撤销机构认证两种处罚方式，需要行政部门在做出处罚前先调查取证，若事实情节严重，才可以进行撤销机构认证的处罚。

《条例》这种责任处罚强度与义务违反程度相适应的做法，蕴含了程序正当性，避免了行政相对主体即建筑市场主体的权益受到损害。

3.2.2.2 《条例》程序权利义务具有合理性

与实体权利义务合理性评估不同，程序权利义务的合理性评估更注重《条例》能否促成公正结果的产生。程序性权利义务既是实现实体权利义务的手段，同时又具有其自身独立的的价值和意义。故课题组将从期间设置、信息公开和社会参与度三方面对程序权利义务的合理性进行评估。

3.2.2.2.2.1 期间设置合理

建筑行业作为与百姓生活密切相关的行业，在《条例》中规定合理的期间更有利于促进义务主体及时履行义务，确保建设效率，保证建设工程质量，及时纠正违规行为，从而更好地保障人民生命和财产安全。对期间设置的合理性评估，主要观测两个方面：一是评估期间设置规定是否完善，二是评估期间设置长度是否合理。《条例》规定期间的主要有以下几处：

表 3-7 《条例》中规定的期间

条例	主体	内容	期间
第二十一条	建设单位	办理建设工程竣工验收备案	自建设工程竣工验收合格之日起十五日内
第二十二条	建设行政主管部门	责令建设单位重新组织竣工验收	收讫竣工验收备案文件之日起十五日内
第二十二条 第二十五条	施工单位	建设工程的最低保修期限	按照国家规定执行
		外墙保温、门窗和地下室外围防水工程最低保修期	自工程竣工验收合格之日期最低保修期为五年
第三十四条	建设行政主管部门	将应由其他管理部门处理的违法行为进行移送	自发现之日起三个工作日内

从表3-7可见，条例对区间的设定，根据不同的事项设定了不同长度的区间。第二十一条对竣工验收备案的期间为自建设工程竣工验收合格之日起十五日内，体现了《条例》对于提高法律效益的重视，已经验收合格，尽快备案可以提高效率，也便于行政主管部门及时发现其中有无违反国家有关建设工程质量管理规定的行为。第二十二条是对行政机关行使行政权设定了期间，期间的设置可以督促行政主管部门提高行政效率，减少行政相对人的不确定等候时间。第二十四条、第二十五条规定了建设工程的保修期，仅规定了最低保修期限，即施工单位可以根据实际情况约定高于最低保修期限的保修期，但约定的期限不得低于国家规定的保修期，这样的期间设置能更好地保障公众尤其是建筑使用人的权利，提高整体法律效益。第三十四条规定了建设行政主管部门移送应由其他管理部门处理的违法行为的期限为三个工作日内，这也是为行政管理部门行使行政权、各个行政部门之间的衔接提出了时间限制，这样的设定能更好地保障行政相对人权利。

3.2.2.2.2 信息公开制度设置比较合理

信息公开制度，是指有权公开信息的机构主动将政府信息向社会公众或依申请而向特定的个人或组织公开的制度。

《条例》中涉及信息公开制度的共有两条，分别为第三十三条和第四十六条。第三十三条规定市建设行政主管部门可以组织编写高于国家标准的地方工程建设标准和技术规范，以及推广、限制和禁止使用的技术、工艺、材料和设备目录，向社会公布。此条款的设置有助于公众尤其是建筑行业相关主体了解本市允许使用或不允许使用的特殊标准、规范、技术及工艺等。有助于推广符合本市建筑施工需要的，先进的技术、工艺、材料及设备，也避免建筑相关主体使用不符合标准的工艺材料所造成的违规行为的发生。第四十六条规定可将建筑市场主体及其注册执业人员的违法行为和处理结果记入建筑市场信用信息系统。此条款的设置不仅起到信息公开的作用，可以帮助建筑主体识别合作伙伴的信用情况，选择信用良好的合作伙伴；更重要的是可以起到对建筑市场主体的制约作用，警示各主体规范自己的行为，一旦发生违法行为受到行政处罚的情形，其违法行为将记入建筑市场信用信息系统，将对其产生巨大的消极影响。

3.2.2.2.3 立法过程中有一定的公众参与度

课题组对分别来自工程建设单位、勘察单位、设计单位、施工单位、工程监理单位、施工图审查机构、质量监测单位等利益相关方的167名人员进行了问卷调查，问题是："据您了解，《条例》在制定过程中，公众的参与度如何？"，其中165名受访者返回了有效问卷。结果显示，认为本《条例》制定过程中公众参与度非常高的有11人，有效百分比6.6%；比较高的有53人，有效百分比31.7%；一般的有61人，有效百分比36.5%；比较低的有31人，有效百分比18.6%；非常低的有9人，有效百分比5.4%。由此可见，从整体上看，有74.8%的被调查人员认为《条例》在制定过程中有一定的公众参与程度。因此《条例》制定过程中公众参与程度有进一步改善的空间。

第4章
《天津市建设工程质量管理条例》的实施效果评估

4.1 执法评估

执法，是将静态的法律文本转化成动态的社会规范的桥梁。一个合法、合理、完整、高效的执法机制，则是评估一部立法实施效果的最重要的指标之一。

广义的执法或法的执行，是指所有国家行政机关、司法机关及其公职人员依照法定职权和程序实施法律的活动。狭义的执法，或法的执行，则专指国家行政机关及其公职人员依法行使管理职权、履行职责、实施法律的活动。

在评估本《条例》的实施效果时，课题组将执法定义为广义的执法：既包括行政机关执法的评估，同时也包括对各级人民法院适用本《条例》审理案件的相关评估。

为此，本课题对《条例》执法效果评估主要体现在三个方面，即《条例》执法的积极性、正当性和可行性。

4.1.1 执法的积极性

在执法中，执法主体即行政机关及其工作人员的积极性，是确保法律法规有效实施运行的前提和基础，也是行政机关及其工作人员依法行政的保障。

执法的积极性,主要是指行政机关及其工作人员在行政执法实践中将法律、法规和规章及其他规范性文件付诸实施的行为。

一般而言,政府的行政执法手段更加积极、主动,和普通公民的接触最频繁,对公民的生活影响也最大。然而,在实际执法过程中,行政机关适用、解释法律规范时,往往享有一定的自由裁量权,而不仅仅是简单、机械地执法。在评价当代政府法治水平的诸项指标中,如何能够最大限度地有效调动执法人员的工作积极性是重要指标之一,是执法机关履行职责、维护建筑市场秩序的根本保证,也是加强执法队伍正规化建设,推动行政执法发展的内在动力。

因此,本课题组在评价行政执法的积极性方面,在分析如何通过立法规范、限制行政权力的行使的同时,也强调以恰当的方式最大限度地调动行政机关执法的积极性。

课题组将在具体分析调研数据的基础上,分析行政机关及其工作人员保证《条例》实施的现状,对法规的了解、认可程度;司法机关及其工作人员对法规的了解、认可程度(法规援引率);行政机关及其工作人员实施法规的积极性。通过对数据的分析得出结论,以期调动行政执法机关的积极性,确保行政执法机关在执法中做到依法执政,切实加强建设工程质量管理,保障建设工程质量。

4.1.1.1 行政机关及其工作人员对《条例》的了解、认可程度和保证法规的实施状况。

4.1.1.1.1 行政机关及其工作人员对《条例》的了解程度

行政机关及其工作人员对《条例》的了解程度是确保行政机关依法行政的前提,也是提高行政机关执法积极性的基础。课题组通过调查问卷对来自行政管理机构的 30 名受访者进行了《条例》了解程度调查,调查的问题是:"您对《条例》了解程度如何?" 30 名受访者都返回了有效问卷。结果显示对《条例》非常了解的有 16 人,有效百分比 53%;比较了解的有 12 人,有效百分比 40%;一般了解的有 2 人,有效百分比 6.7%。行政机关相关工作人员自我评价对该《条例》的了解程度较高,达到了 53%,相对了解程度达到了 93.3%,因此行政机关工作人员对此《条例》具有相对比较高的了解程度。这有助于执法过程中依法行政,切实处理好与行政相对人之间的矛盾纠纷,保护行政相对人的合法权益,确保《条例》的正确实施和适用,增强法的权威性,推进社会主义法治国家的建设。

4.1.1.1.1.2　行政机关及其工作人员对《条例》的认可程度

行政机关及其工作人员对《条例》的认可程度是指行政机关在对《条例》了解的基础上做出的价值判断,既对该《条例》的作用、效果、制定程序等方面的看法。认可程度的高低决定着行政机关在执法过程中能否切实坚持依法行政,能否认可《条例》在其执法体系中的作用。

课题组通过调查问卷对来自行政管理机构的30名受访者进行了《条例》认可程度调查,30名受访者都返回了有效问卷。问卷分别提出了6个问题,问题及结果如下:

1. 问题:"从整体上看,《条例》与天津市经济社会发展匹配程度如何?"

选项	频数	百分比	累计百分比
1. 非常一致	4	13.3%	13.3%
2. 比较一致	23	76.7%	90.0%
3. 一般	3	10.0%	100.0%
4. 不太一致	0	0.0%	100.0%
5. 非常不一致	0	0.0%	100.0%

结果表明,在被调查的30名行政机关执法工作人员中,认为该条例与天津市经济社会发展匹配程度非常一致的有4人,有效百分比13.3%;比较一致的有23人,有效百分比76.7%;一般的有3人,有效百分比10%。由此可知,90%的行政机关执法工作人员认为该《条例》与天津市经济发展水平比较一致。

2. 问题:"《条例》与《中华人民共和国建筑法》、国务院《建设工程质量管理条例》的协调一致程度如何?"

选项	频数	百分比	累计百分比
1. 非常一致	16	53.3%	53.3%
2. 比较一致	12	40.0%	93.3%
3. 一般	1	3.3%	96.7%
4. 不太一致	1	3.3%	100.0%
5. 非常不一致	0	0.0%	100.0%

结果表明,在被调查的30名行政机关执法工作人员中,认为该条例与上

位法非常一致的有 16 人，有效百分比 53.3%；比较一致的有 12 人，有效百分比 40%；一般的有 1 人，有效百分比 3.3%；不太一致的有 1 人，有效百分比 3.3%。由此可知，93.3% 的行政机关执法工作人员认为该《条例》与上位法比较一致，不存在法律位阶冲突，这也是行政机关对该条例认可的表现之一。

3. 问题："《条例》的内容与《天津市建筑市场管理条例》《天津市建设工程施工安全管理条例》等地方性法规的协调一致程度如何？"

选项	频数	百分比	累计百分比
1. 非常一致	12	40.0%	40.0%
2. 比较一致	17	56.7%	96.7%
3. 一般	1	3.3%	100.0%
4. 不太一致	0	0.0%	100.0%
5. 非常不一致	0	0.0%	100.0%

结果表明，在被调查的 30 名行政机关执法工作人员中，认为该条例与同位法非常一致的有 12 人，有效百分比 40%；比较一致的有 17 人，有效百分比 56.7%；一般的有 1 人，有效百分比 3.3%。由此可知，96.7% 的行政机关执法工作人员认为该《条例》与同位法比较一致。

4. 问题："《条例》的实施对防止和减少建设工程违法行为的作用有多大？"

选项	频数	百分比	累计百分比
1. 非常大	11	36.7%	36.7%
2. 比较大	15	50.0%	86.7%
3. 一般	4	13.3%	100.0%
4. 比较弱	0	0.0%	100.0%
5. 非常弱	0	0.0%	100.0%

结果表明，在被调查的 30 名行政机关执法工作人员中，认为该条例实施对于防范和减少建设工程违法行为的作用非常大的有 11 人，有效百分比 36.7%；比较大的为有 15 人，有效百分比 50%；一般的有 4 人，有效百分比 13.3%。由此可知，86.7% 的行政机关执法工作人员认为该《条例》的颁布实施对防止和减少建设工程违法行为的作用是比较大的。

第 4 章 《天津市建设工程质量管理条例》的实施效果评估

5. 问题:"《条例》的实施对提高天津市建设工程质量的作用有多大?"

选项	频数	百分比	累计百分比
1. 非常大	15	50.0%	50.0%
2. 比较大	10	33.3%	83.3%
3. 一般	5	16.7%	100.0%
4. 比较弱	0	0.0%	100.0%
5. 非常弱	0	0.0%	100.0%

结果表明,在被调查的 30 名行政机关执法工作人员中,认为该条例实施对提高天津市建设工程质量的作用非常大的有 15 人,有效百分比 50%;比较大的为有 10 人,有效百分比 33.3%;一般的有 5 人,有效百分比 16.7%。由此可知,83.3% 的行政机关执法工作人员认为该《条例》的颁布实施对提高天津市建设工程质量的作用是比较大的。

6. 问题:"《条例》的实施对减少天津市建设工程质量纠纷的作用有多大?"

选项	频数	百分比	累计百分比
1. 非常大	11	36.7%	36.7%
2. 比较大	13	43.3%	80.0%
3. 一般	5	16.7%	96.7%
4. 比较弱	1	3.3%	100.0%
5. 非常弱	0	0.0%	100.0%

结果表明,在被调查的 30 名行政机关执法工作人员中,认为该条例实施对减少天津市建设工程质量纠纷的作用非常大的有 11 人,有效百分比 36.7%;比较大的为有 13 人,有效百分比 43.3%;一般的有 5 人,有效百分比 16.7%。由此可知,80% 的行政机关执法工作人员认为该《条例》的颁布实施对减少天津市建设工程质量纠纷的作用比较大。

通过上述几个问卷调查,都可以得出天津市行政执法部门对于《条例》在具体实施过程中的作用持认可、肯定态度的结论。从逻辑上讲,认可一部法律规范的作用,是执法机关积极、主动实施该法律规范,管理社会生活的基础和前提。因此,我们可以认定《条例》在具体实施的过程中,执法机关在总体上是具有积极性的。

4.1.1.1.1.3 建设行政主管部门及其工作人员遵循《条例》的执法情况

建设行政主管部门在遵循《条例》实施过程中,突出表现在四个方面:一是建设行政主管部门对《条例》的宣传力度;二是在建设工程质量管理过程中,对违法的建设各方主体查处情况;三是对建设各方主体发生的纠纷的处理情况;四是结合天津实际情况,做了一些天津特色的管理创新。

(1)《条例》的宣传力度

课题组同时对来自建设工程质量责任各方主体的167名受访者进行了《条例》宣传力度的问卷调查。问题是:"您对《条例》的宣传力度作何评价?"有166名受访者返回了有效问卷。结果显示:认为《条例》宣传力度非常大的有15人,有效百分比9%;比较大的50人,有效百分比30.1%;一般的有68人,有效百分比41%;比较弱的有24人,有效百分比14.5%;非常弱的有9人,有效百分比6%。可见只有39.2%的相关人员认为《条例》的宣传力度比较大,有80.1%的人认为《条例》有一定的宣传力度。可见还需要加大《条例》的宣传力度。

您对《条例》的宣传力度作何评价?

选项	频数	有效百分比	累计百分比
非常大	15	9.0	9.0
比较大	50	30.1	39.2
一般	68	41.0	80.1
比较弱	24	14.5	94.6
非常弱	9	6	100.0

(2)对违法的建设各方主体的查处情况

建设行政主管部门及其工作人员在保障法规实施时,必然要对建设各方主体的违法行为进行查处,对于违法的单位进行处罚,才能对其达到惩戒作用,对其他单位起到警示作用。课题组对建设行政主管部门2011年-2013年上半年建设工程行政处罚档案进行了查阅汇总,2011年建设工程行政处罚85件,2012年92件,2013年上半年40件,建设工程质量违法案件共计42件,其中援引《条例》处罚的案件仅有9件,分别援引《条例》的第十条、第十六条、第十七条、第十八条、第三十一条、第三十四条、第三十五条和第四十一条。其他案件主要援引上位法,即《建筑法》和《建设工程质量管理条例》进行处罚。而案件查处的来源主要是日常监督检查、市场检查和事故调查，大量处罚案件来源于市场监督检查，受处罚的主体主要为建设单位、施工单位和工程监理单位。可见建设行政主管部门在行政执法方面有较大的积极性，经常性的市场检查和日常市场监督检查有效地对违法行为进行了查处。在相关行政执法部门调研座谈时，执法部门工作人员提供了下列数据：2012年质量行政处罚37件，涉及经济罚款112万，2013年28件，经济罚款137万元。两类数据在统计口径上存在差异，但是都能总体反映天津市质量行政执法的基本情况。

（3）建设工程质量违法行为的类别

课题组查阅的建设行政主管部门2011—2013年上半年的217件行政处罚案件中，有建设工程质量违法案件42件，其中主要的违法行为包括使用不合格建材、对粉煤灰或矿粉检验出具虚假原始记录、质量控制资料记录与工程进度不同步、未组织竣工验收擅自交付使用、保修期内质量缺陷未按期勘察维修、违法发包、未办理工程质量监督手续和安全施工措施资料备案、非法转包、监测数据无法追溯、地下室外墙合模完成但部分钢筋绑扎尚未验收合格、提供的冬施石全配合比不符合施工技术标准并提供虚假配合报告、主体结构未经验收进入下道程序、肢解发包工程、未取得许可证擅自开工建设等。在相关行政执法部门调研座谈时，执法部门工作人员提供了下列的主要行政处罚原因：建设单位保修期内工程质量缺陷未按期勘察维修，施工单位质量控制资料不准确与工程不同步，复试检验报告与原材料不符，隐蔽工程未验收即进入下一工序，未经阶段验收或验收不合格即施工，施工现场未配备专业技术管理人员；监理单位，未对施工单位违法行为制止或报告，质量检测单位出具虚假报告，伪造数据等。这些数据与课题组执法档案查阅获取的数据基本相同。

（4）行政执法部门的管理创新

天津市建设工程质量安全监督管理总队在建设工程质量管理过程中主要采取了三项措施，落实和贯彻《条例》的实施：一是实行阶段验收告知制度；二是严格执行住房工程质量分户验收；三是制定工程阶段验收管理办法，细化各阶段验收组织程序内容方法。

对建设单位提出建设工程质量负总责，总队采取以下措施加以贯彻：一是签订施工质量责任书，每个项目明确相关责任人并建立责任档案；二是落实工程质量终身责任制；三是实施季度质量安全分析和通报制度。建设单位作为总投资者，在过程中分阶段进行考核验收，制定具体验收程序办法。

对住宅工程实体质量提升，总队采取了四项措施：一是治理质量通病，出台指导措施，对技术工艺构造提出控制性措施；二是坚持样板引用，每道工程工序要求施工单位制作样板，经检验符合标准才施工；三是外窗屋面进行淋水试验，确保使用功能；四是加强节能施工监管和消防安全监管。

对《条例》规定维修保修制度的强化，总队采取的措施主要有：要求建设单位工程竣工交付后现场成立违法违规接待处，施工单位派驻维修小组公布维修电话，对业主反映问题当场查看立即维修，制定维修方案并逐一解答；通过住宅小区接访日活动，工程质量监督机构在住宅机构直接受理业主投诉，督促建设单位解决问题。

对工程质量监督执法工作，总队采取的措施：第一是严把建筑材料关。严格钢筋控制，实行更加严格的进场检验，力学检验加入化学成分；实行混凝土质量监管，对混凝土企业关键要素进行动态监控；建立施工现场施工材料规范抽检制度，明确抽检重点，季度抽检（2013年累计百分比8270组，合格率99%）不合格材料退场或更换返工进行设计复核；建立保障性住房建材采购供应终身质量负责，建立详细台账，追溯每个环节质量问题。第二开展工程质量专项检查，对全市在施工程质量安全进行检查，制止违法行为。全年33次专项治理活动，工程质量26次，整改通知书827份，整改意见2937条，100件责令停工。

课题组经过问卷调查和现场调研后认为，天津市建设工程质量安全监督管理总队等建设行政主管部门，在贯彻和执行该《条例》过程中，积极履行监管职责，切实加强了建设工程质量的监督和管理，并且做了大量的制度创新，取得了良好的效果。

4.1.1.2 司法机关及其工作人员对《条例》了解和适用情况

针对司法机关适用《条例》的积极性，我们主要从两个方面加以分析，一是司法机关对《条例》了解程度；二是司法机关是否积极受理建设工程质量管理活动过程中发生纠纷情况。

第4章 《天津市建设工程质量管理条例》的实施效果评估

4.1.1.2.1 司法机关及其工作人员对《条例》的了解程度

课题组通过调查问卷对来自法院系统的42名法官进行了《条例》了解程度调查，调查的问题是："您对《条例》了解程度如何？"，42名受访者都返回了有效问卷。结果显示：对《条例》非常了解的有1人，有效百分比2.4%；比较了解的有9人，有效百分比21.4%；一般了解的有20人，有效百分比47.6%；不太了解的有6人，有效百分比14.3%；不了解的有6人，有效百分比14.3%。相比行政机关，司法机关对该《条例》的了解程度较低，比较了解以上的法官仅占23.8%。这一结果反映了司法和行政执法对《条例》熟悉程度要求的差异。与行政机关对于《条例》的了解程度相比，天津市各级人民法院对《条例》的了解是相对较低的。这一方面说明了司法机关自身在执法领域中被动性、消极性的特征，另一方面也说明，法官在司法审判中尚未形成习惯援引《条例》审理相关案件。

您对《条例》了解程度如何？

选项	频数	有效百分比	累计百分比
1. 非常了解	1	2.4%	2.4%
2. 比较了解	9	21.4%	23.8%
3. 一般	20	47.6%	71.4%
4. 不太了解	6	14.3%	85.7%
5. 不了解	6	14.3%	100.0%

4.1.1.2.2 司法机关及其工作人员对《条例》的适用情况

司法机关及其工作人员对《条例》的适用情况，主要包括法院工作人员对《条例》在实施过程中效果评价、法院运用《条例》解决建设工程质量管理活动中的纠纷作用。

（1）《条例》主要适用于民事诉讼中

课题组通过调查问卷对来自法院系统的42名法官进行了《条例》涉及诉讼情况的调查，调查的问题是："《条例》主要被适用于哪类诉讼程序？"，40名受访者返回了有效问卷。结果显示：有36人认为主要适用于民事诉讼程序，有效百分比90%，有4人认为主要适用于行政诉讼程序，有效百分比10%。可见《条例》主要适用于民事诉讼程序中。这一点正好也印证了《条例》的制定是符合立法权限的，地方对刑事责任问题无权立法，自然在刑事诉讼程序中不会被援引。

《条例》主要被适用于哪类诉讼程序？

选项	频数	有效百分比	累计百分比
1. 民事诉讼程序	36	90.0%	90.0%
2. 刑事诉讼程序	0	0.0%	90.0%
3. 行政诉讼程序	4	10.0%	100.0%

（2）《条例》在减少建设工程质量纠纷方面的作用是有限的

课题组通过调查问卷对来自法院系统的42名法官进行了《条例》对纠纷影响程度调查，调查的问题是："《条例》的实施对减少天津市建设工程质量纠纷的作用有多大？"，42名受访者都返回了有效问卷。结果显示：认为《条例》对减少天津市建设工程质量纠纷作用非常大的只有5人，有效百分比11.9%，比较大的仅有9人，有效百分比21.4%；一般的有22人，有效百分比52.4%；比较弱的有5人，有效百分比11.9%；非常弱的有1人，有效百分比2.4%。只有33.3%的人认为作用较大，因此可见，《条例》对建设工程质量纠纷司法解决的影响是有限的。

《条例》的实施对减少天津市建设工程质量纠纷的作用有多大？

选项	频数	有效百分比	累计百分比
1. 非常大	5	11.9%	11.9%
2. 比较大	9	21.4%	33.3%
3. 一般	22	52.4%	85.7%
4. 比较弱	5	11.9%	97.6%
5. 非常弱	1	2.4%	100.0%

（3）《条例》的司法适用性不高

课题组通过调查问卷对来自法院系统的42名法官进行了《条例》的司法适用性调查，调查的问题是："在有关建设工程质量的案件中，《条例》的适用性如何？"，41名受访者返回了有效问卷。结果显示：认为非常有用的仅有2人，占4.9%；比较有用的仅有16人，占39%；一般的有17人，占41.5%；比较无用的有2人，占4.9%；无用的有4人，占9.8%。比较有用以上的累计有效百分比仅有43.9%。可见司法系统的人员认为《条例》的可适用性不高。

在有关建设工程质量的案件中,《条例》的适用性如何?

选项	频数	有效百分比	累计百分比
1. 非常有用	2	4.9%	4.9%
2. 比较有用	16	39.0%	43.9%
3. 一般	17	41.5%	85.4%
4. 比较无用	2	4.9%	90.2%
5. 无用	4	9.8%	100.0%

课题组通过北大法宝司法案例数据库进行检索,可以查明截至2014年6月,仅有一起案件判决适用了《条例》。该案为"赤峰某某有限公司与沈阳某某工程有限公司承揽合同纠纷上诉案",由辽宁省沈阳市中级人民法院((2011)沈中民三终字第1319号)判决。该案适用了《天津市建设工程质量管理条例》第二十四条的规定,即门窗工程的最低保修期为5年。

(4)《条例》的实施几乎对法院受案数量没有任何影响

课题组通过调查问卷对来自法院系统的42名法官进行了《条例》对受理案件数量的影响的调查,调查的问题是:"《条例》实施后,相较之前,您受理或参与的相关案件数量变化情况如何?",42名受访者都返回了有效问卷。结果显示:认为大量增加的仅有1人,有效百分比2.4%;认为增加的有7人,占16.7%;认为不变的有25人,有效百分比59.5%;减少的有9人,有效百分比21.4%。认为没有变化甚至增加的有效百分比达78.6%。可见《条例》的实施几乎对法院受理案件没有任何积极影响。

《条例》实施后,相较之前,您受理或参与的相关案件数量变化情况如何?

选项	频数	有效百分比	累计百分比
1. 大量增加	1	2.4%	2.4%
2. 增加	7	16.7%	19.0%
3. 不变	25	59.5%	78.6%
4. 减少	9	21.4%	100.0%
5. 大量减少	0	0.0%	100.0%

通过上述对建设行政主管部门及其工作人员关于《条例》执法积极性分析,我们发现,建设行政主管部门总体上执行《条例》是非常积极的。其表

现为：绝大部分工作人员对《条例》是了解的；建设行政主管部门对建设各方主体的违法行为进行了积极查处，对建设各方主体之间的纠纷进行了及时的处理；建设行政主管部门对《条例》实施效果也是持认可态度，但是处罚时仍有适用其他法律的倾向性。

反观法院及其工作人员，他们对《条例》的适用积极性不是很高，对《条例》本身的了解程度，不如建设行政主管部门高；在减少纠纷方面法院系统认为《条例》作用有限，其适用性也有限。对于建设工程质量案件纠纷，法院更多的是引用上位法即《合同法》《中华人民共和国建筑法》和国务院《建设工程质量管理条例》等作为裁判依据，特别是最高人民法院相关司法解释的引用更高，对《条例》本身引用比较低。

4.1.2 执法的正当性

在对《条例》实施效果评估的部分，执法的正当性评估是最困难的工作之一。这主要源于"正当性"本身概念上的模糊性。为使评估结论更加具体、明确，本课题组将首先对"正当性"概念进行界定，并在此基础上，对《条例》的实施效果进行评估。

对于"正当性"这个一直困扰两大法系法学理论界与实务界的概念，日本著名学者谷口安平教授曾尝试从"动机"与"结果"两个层面对其进行解读。他指出："对权利行使的结果，人们作为正当的东西加以接受时，这种权利的行使及其结果就可以称之为具有'正当性'或'正统性'……正当性就是正确性。这里的"正确"有两层意思。一是结果的正确，另外一个则是实现结果的过程本身所具有的正确性。"[①] 这是本课题组所赞同的观点。

课题组将执法的正当性评估细化为两个标准：一是从过程角度，考察执法授权过程的公众参与度，二是从结果角度，考察《条例》的实施是否有利于提高建设工程质量，是否有利于抑制违法行为。

4.1.2.1 《条例》制定过程中的民主性

课题组针对《条例》涉及的有关主体进行了公众参与度调查，针对289名受访者发放了问卷，问题是："据您了解，《条例》在制定过程中，公众的

[①] 曾祥华. 行政立法的正当性研究 [M]. 北京：中国人民公安大学出版社，2007：29-30.

参与度如何？",最终返回了 286 份有效问卷。结果显示：有 27 人认为《条例》制定过程中公众参与度非常高，有效百分比 9.4%；有 75 人员认为比较高，有效百分比 26.3%；101 人认为一般，有效百分比 35.3%；比较低的有 66 人，有效百分比 23.1%；非常低的占 5.9%，有 17 人。可见有 71% 的受访者认为《条例》在制定过程中有一定的参与度。

据您了解，《条例》在制定过程中，公众的参与度如何？

选项	频数	有效百分比	累计百分比
1. 非常高	27	9.4%	9.4%
2. 比较高	75	26.2%	35.7%
3. 一般	101	35.3%	71.0%
4. 比较低	66	23.1%	94.1%
5. 非常低	17	5.9%	100.0%

4.1.2.2 《条例》的实施是否有利于提高建设工程质量？

课题组通过调查问卷对来自建设单位、勘察单位、设计单位、施工单位、工程监理单位、行政管理机关、施工图审查机构、法院、律师事务所等机构的 289 名受访者进行了《条例》对建设工程质量影响的调查，调查的问题是："《条例》的实施对提高建设工程质量、建造优质工程起到多大作用？"，288 人返回有效问卷。调查结果为：认为非常大的有 50 人，有效百分比 17.4%；比较大的为 110 人，有效百分比 38.2%；一般的为 102 人，有效百分比 35.4%；比较弱的为 22 人，有效百分比 7.6%；非常弱的有 4 人，有效百分比 1.4%。可见有 91% 的人认可《条例》的实施对提高建设工程质量有影响，55.6% 的人认为影响显著。

《条例》的实施对提高建设工程质量、建造优质工程起到多大作用？

选项	频数	有效百分比	累计百分比
1. 非常大	50	17.4%	17.4%
2. 比较大	110	38.2%	55.6%
3. 一般	102	35.4%	91.0%
4. 比较弱	22	7.6%	98.6%
5. 非常弱	4	1.4%	100.0%

4.1.2.3《条例》的实施是否有利于抑制违法行为？

课题组通过调查问卷对来自建设单位、勘察单位、设计单位、施工单位、工程监理单位、行政管理机关、施工图审查机构、法院、律师事务所等机构的289名受访者进行了《条例》对建设工程质量违法行为影响的调查，调查的问题是："《条例》的实施对防止和减少建设工程违法行为的作用有多大？"，287人返回有效问卷。调查结果为：认为非常大的有48人，有效百分比16.7%；比较大的为130人，有效百分比45.3%；一般的为80人，有效百分比27.9%；比较弱的为25人，有效百分比8.7%；非常弱的有4人，有效百分比1.4%。可见有89.9%的人认可《条例》的实施对减少建设质量违法有一定的作用，62%的人认为显著。

《条例》的实施对防止和减少建设工程违法行为的作用有多大？

选项	频数	有效百分比	累计百分比
1. 非常大	48	16.7%	16.7%
2. 比较大	130	45.3%	62.0%
3. 一般	80	27.9%	89.9%
4. 比较弱	25	8.7%	98.6%
5. 非常弱	4	1.4%	100.0%

4.1.3 执法的可行性

4.1.3.1 执法人员配置

执法人员配置充足，才能保障执法的有效进行。课题组针对30名行政执法人员发放了问卷调查行政执法人员配置情况，问题是："您认为行政执法人员配置是否充足？"。30名受访者都返回了有效问卷。结果显示：认为行政执法人员配置比较充足的有4人，有效百分比13.3%；一般的有3人，有效百分比10%；不太充足的有9人，有效百分比30%；非常不充足的有14人，有效百分比46.7%。可见86.7%的受访者认为行政执法人员配置不够充足。行政执法人员配置不充足就很难保证法律的具体实施，即使法律得以实施，也不能保证执法的效能，会导致效率降低，进而影响法律的效力，因此行政机关应该组织选拔优秀执法人员扩充执法队伍，在扩充队伍的同时要防止人员冗杂和机构臃肿，确保行政执法人员配置合理，保障法律实施。

您认为行政执法人员配置是否充足？

选项	频数	有效百分比	累计百分比
比较充足	4	13.3	13.3
一般	3	10.0	23.3
不太充足	9	30.0	53.3
非常不充足	14	46.7	100.0

4.1.3.2 《条例》的配套机制完善，为执法机构执法活动提供了制度保障

4.1.3.2.1 建筑企业信用体系的建立有助于减轻执法部门的执法压力

《条例》的特色制度之一是建立了企业信用体系，将建设工程各方主体违法行为和处理结果记入建筑市场信用信息系统。《条例》第四十六条规定：建设、勘察、设计、施工、工程监理单位及其注册执业人员依法受到行政处罚的，可以将其违法行为和处理结果记入建筑市场信用信息系统。这一规定的目的在于创建建筑行业信用信息系统，以此来约束各方主体规范自己的行为，避免产生影响自身信誉的违法违规行为。课题组通过问卷调查的形式对30名来自行政执法机构的受访者和167名来自建设工程各方主体的受访者进行了企业信用体系对失信企业惩戒作用的调查，问题是："您认为"创新建立企业信用体系，将建设工程各方主体违法行为和处理结果记入建筑市场信用信息系统"，对失信企业的惩戒作用有多大？"。

30名来自行政主管部门的受访者都返回了有效问卷，结果显示：有5人认为作用非常大，有效百分比16.7%；有21人认为比较大，有效百分比70%；一般的有4人，有效百分比13.3%。可见有86.7%的行政机构受访者认为建筑企业信用信息系统对惩戒违法行为作用很大。

您认为"创新建立企业信用体系，将建设工程各方主体违法行为和处理结果记入建筑市场信用信息系统"，对失信企业的惩戒作用有多大？

选项	频数	有效百分比	累计百分比
非常大	5	16.7	16.7
比较大	21	70.0	86.7
一般	4	13.3	100.0

续表

选项	频数	有效百分比	累计百分比
比较小	0	0	100.0
非常小	0	0	100.0

166名来自建设工程各方主体的受访者返回了有效问卷，结果显示：有23人认为作用非常大，有效百分比13.8%；有78人认为作用比较大，有效百分比46.7%；认为一般的有48人，有效百分比28.7%；比较小的有12人，有效百分比7.2%；非常小的有5人，有效百分比3%。可见，有60.8%的受访者认为企业信用信息系统对于惩戒违法的行为作用比较大。

您认为"创新建立企业信用体系，将建设工程各方主体违法行为和处理结果记入建筑市场信用信息系统"，对失信企业的惩戒作用有多大？

选项	频数	有效百分比	累计百分比
非常大	23	13.8	13.9
比较大	78	46.7	60.8
一般	48	28.7	89.8
比较小	12	7.2	97.0
非常小	5	3.0	100.0

在建筑市场中，信用信息系统是由各种信用主体提供信用数据，根据信用数据建立起恰当的信用评价体系，根据评价体系的规定和设置计算出各信用主体的信用级别，信用级别再作用于信用主体，促使建筑企业自觉遵守法律，提高自己的信用评级。各个建筑市场主体出于对提高自身信用水平以期获得更多交易机会的考虑，会自觉进行合法合规的建设行为，减少违法违规行为的发生，从而为执法主体减轻查处违法违规行为的工作量，降低了执法压力。

4.1.3.2.2 竣工备案制度的完善有助于执法部门后续执法

执法的可行性以执法部门对建设工程监督管理为前提。如果执法部门不了解建设工程的相关情况，也就谈不上对建设工程进行执法监督。而《条例》规定的竣工备案制度保证了执法部门可以及时有效地了解建设工程的情况，从而为后续执法提供了可行性。

《条例》第二十一条规定：建设单位应当自建设工程竣工验收合格之日

十五日内，持下列文件向建设行政主管部门办理建设工程竣工验收备案。《条例》第二十八条规定：建设工程保修后，由建设单位或者房屋建筑所有人组织验收。涉及结构安全的，应当将验收报告报区、县建设行政主管部门备案。

课题组通过问卷调查的方式对执法部门的相关工作人员进行了有关竣工验收备案制度作用的调查。问题是："建设单位向建设行政主管部门进行竣工验收备案的实际作用如何？"。共发放问卷30份，收回有效问卷30份。结果表明：有17人认为非常有用，有效百分比56.7%；有8人认为比较有用，有效百分比26.7%；一般的有3人，有效百分比10%；比较无用的有1人，有效百分比3.3%。结果显示：有17%的人认为非常有用，有效百分比56.7%；8人认为比较有用，有效百分比26.7%；一般的有3人，有效百分比10%。可见，有86.7%的受访者认为竣工验收备案制度作用较大。

建设单位向建设行政主管部门进行竣工验收备案的实际作用如何？

选项	频数	有效百分比	合计
非常有用	17	56.7	60.0
比较有用	8	26.7	86.7
一般	3	10.0	96.7
比较无用	1	3.3	100.0

可见，执法部门对于备案的规定认可程度较高。备案制度是执法机构了解建设工程情况的最重要手段，通过建设工程主体的主动备案，执法部门可以准确及时地了解工程的具体情况，及时进行监督管理，有助于其执法活动的顺利开展。备案制度为执法部门进行执法提供了可行性保证。

4.1.3.2.3 行政执法部门对相关技术范围的规定为执法提供了可行性保证

建筑行业是技术性、专业性非常强的行业，相关技术范围的确定往往界限模糊，从而导致后续执法上的困难。例如，对于超限高层的工程，设计单位应当在设计文件中明确工程质量保障措施，并向施工现场派驻设计代表，处理与设计有关的技术问题。在这样的要求下，设计单位必将增加向施工现场派驻代表的支出开支，施工单位也必将增加工程质量保障措施的开支。如果对超限高层工程的界限不清，相关主体出于对自身成本的考虑，很可能不按照规定加派人员和增加保障措施，而执法部门对这些违规行为进行查处监管时，由于技术规范界限不清，也会导致执法无依据、执法自由裁量度过大等问题的出现。

因此，《条例》中，规定了由建设行政主管部门确定工程技术的范围。《条例》第九条规定：对超限高层和超大跨度建筑、超深基坑以及采用新技术、新结构的工程，设计单位应当在设计文件中明确工程质量保障措施，并向施工现场派驻设计代表，处理与设计有关的技术问题。上述工程的范围由市建设行政主管部门公布。

课题组通过问卷调查了该项制度的有效性，调查问题是："由建设行政主管部门公布超限高层和超大跨度建筑、超深基坑以及采用新技术、新结构的工程的范围是否有用？"共向30名来自行政管理部门的受访者发放了问卷，全部返回了有效问卷，结果显示：有13人认为非常有用，有效百分比43%；有14人认为比较有用，有效百分比46.7%；有3人认为一般，有效百分比10%。可见有90%的受访者认为该项制度起到了比较大的作用。由于特殊工程的范围已经由建设行政主管部门进行了明确的界定，执法部门在执法过程中就可以明确判断哪些工程为特殊工程，哪些工程需要采取特殊的工程质量保障措施，哪些特殊工程存在违规现象，从而进行明确清晰的执法管理。

由建设行政主管部门公布超限高层和超大跨度建筑、超深基坑，以及采用新技术、新结构的工程的范围是否有用？

选项	频数	有效百分比	累计百分比
非常有用	13	43.3	43.3
比较有用	14	46.7	90.0
一般	3	10.0	100.0

4.1.3.3 《条例》与上位法及相关地方法规匹配度高，为执法机构执法活动提供合法性保障

《条例》是2011年7月6日天津市第十五届人民代表大会常务委员会通过的地方性法规。如果地方性法规与上位法存在不匹配、不适应的情况，不仅《条例》相关规定将失去效力，也将给执法部门的执法活动造成极大的困扰和不便。并且，《条例》如果与处于同一法律位阶的《天津市建筑市场管理条例》、《天津市建设工程施工安全管理条例》相违背，也会给执法部门的执法活动带来困扰和不便。因此，《条例》是否与上位法、同位阶法规相匹配，是执法可行性的重要条件之一。

课题组针对《条例》与上位法和同位阶法之间的协调性问题向来自建设工程各方主体的167名受访者发放了问卷。

针对问题："《条例》与《中华人民共和国建筑法》、国务院《建设工程质量管理条例》的协调一致程度如何？"，有166份有效问卷被返回，结果显示：有22人认为非常一致，有效百分比13.2%；有99人认为比较一致，有效百分比59.3%；有40人认为一般，有效百分比24%；认为不太一致的有2人，有效百分比1.2%；认为非常不一致的有3人，有效百分比1.8%。可见有72%的来自建设各方主体的受访者认为《条例》与上位法协调程度较高。

《条例》与《中华人民共和国建筑法》、国务院《建设工程质量管理条例》的协调一致程度如何？

选项	频数	有效百分比	累计百分比
非常一致	22	13.2	13.3
比较一致	99	59.3	72.9
一般	40	24.0	97.0
不太一致	2	1.2	98.2
非常不一致	3	1.8	100.0

针对问题："《条例》的内容与《天津市建筑市场管理条例》、《天津市建设工程施工安全管理条例》等地方性法规的协调一致程度如何？"，有164份有效问卷被返回，结果显示：有22人认为非常一致，有效百分比13.2%；有86人认为比较一致，有效百分比51.5%；有49人认为一般，有效百分比29.3%；有5人认为不太一致，有效百分比3%；有人认为非常不一致，有效百分比1.2%。可见有65.9%的来自建设工程各方主体的受访者认为《条例》与同位法之间协调程度较高。

《条例》的内容与《天津市建筑市场管理条例》《天津市建设工程施工安全管理条例》等地方性法规的协调一致程度如何？

选项	频数	有效百分比	累计百分比
非常一致	22	13.2	13.4
比较一致	86	51.5	65.9
一般	49	29.3	95.7
不太一致	5	3.0	98.8
非常不一致	2	1.2	100.0

从上述数据可知，受调查的建设工程各方主体对《条例》与上位法及同位阶地方性法规的一致程度比较认可。这种一致性、协调性一方面保障了《条例》中条款的合法性，另一方面也为相关执法部门的执法活动提供了可行性保证。《条例》与上位法及同位阶地方性法规的高度协调一致性使执法部门可以完全依照《条例》的规定进行执法管理，而不必再去考量《条例》是否与上位法及同位阶地方性法规一致，以及《条例》与上位法不一致时执法活动如何进行。因此，《条例》与上位法的高度协调一致性为执法部门的执法活动提供了可行性保证。

4.1.3.4 《条例》对工程质量纠纷具有一定的适用性，为执法的可行性提供保证

一部法律法规是否可行，很大程度上取决于其是否具有适用性，是否对可能出现的权利、义务、责任都进行了明确的规定。《条例》对建设工程各方主体在建设工程中需要履行的义务、享有的权利，以及不履行义务时需要承担的责任都进行了明确细致的规定。课题组查阅的建设行政主管部门2011—2013年上半年的211件行政处罚案件中，有建设工程质量违法案件30件，其中援引《条例》处罚的案件有9件，分别援引《条例》的第十条、第十六条、第十七条、第十八条、第三十一条、第三十四条、第三十五条和第四十一条。可见《条例》在行政执法案件中会被援引，作为行政处罚的依据，具有一定的适用性，这为执法可行性提供了保证。但是我们也应该注意到，如前文所述，课题组查阅执法档案发现，在《条例》和上位法同时作出规定的情形下，行政执法机构有适用上位法的倾向。

4.1.3.5 《条例》对执法活动的弹性规定合理，为执法机构执法活动提供了程序保障

《条例》中赋予了建设行政主管部门自由裁量的权利，执法部门可以根据违法情节的轻重，进行合理范围内的自由裁量。如《条例》第四十四条规定：违反本条例第二十一条规定，建设单位提供虚假竣工验收备案文件的，由建设行政主管部门责令限期改正，并处以十万元以上三十万元以下的罚款。其他赋予建设行政主管部门自由裁量权的条款还有第三十五条、第三十六条、第三十七条、第三十八条、第三十九条、第四十条、第四十一条、第四十二条、第四十三条、第四十四条、第四十六条等。

课题组针对行政执法机构的受访者进行自由裁量权的问卷调查，问题是："《条例》赋予建设行政主管部门自由裁量的弹性程度如何？"。共发放30份问卷，返回30份有效问卷。结果显示：有4人认为非常大，有效百分比13.3%；有14人认为比较大，有效百分比46.7%；有9人认为一般，有效百分比30%；有2人认为比较小，有效百分比6.7%；有1人认为非常小，有效百分比3.3%。可见有60%的行政主管部门的受访者认为《条例》赋予了比较有弹性的处罚权限。

《条例》赋予建设行政主管部门自由裁量的弹性程度如何？

选项	频数	有效百分比	累计百分比
非常大	4	13.3	13.3
比较大	14	46.7	60.0
一般	9	30.0	90.0
比较小	2	6.7	96.7
非常小	1	3.3	100.0

赋予行政主管部门处罚的弹性有助于其对建筑行业主体的违规行为进行更加灵活的执法活动，也有助于针对不同程度的违规行为进行不同程度的处罚。使执法活动更加灵活有效，为执法活动提供了可行性保证。但是课题组也注意到在该《条例》的制定过程中，《条例》草案试图强调刚性执法，即缩窄处罚幅度、提高处罚下限和处罚额度，但是最终通过的《条例》选择了赋予执法机构一定的处罚裁量权，规定了处罚幅度。另外课题组查阅的建设行

政主管部门 2011 年 -2013 年上半年的 211 件行政处罚案件中，有建设工程质量违法案件 30 件，其中援引《条例》处罚的案件有 9 件，分别援引《条例》的第十条、第十六条、第十七条、第三十一条、第三十四条和第四十一条，处罚额确定依据呈现分散性，既有从高处罚的，也有从低处罚的，也有按中间值处罚的。说明行政主管部门充分利用其自由裁量权根据实际违法情况作出了适当处罚。

小结：从整体上看，建设行政主管部门在执行该《条例》时是可行的。主要理由有：一是《条例》的配套机制非常的完善，这为执法机构提供了制度保障；二是《条例》与其上位法以及相关的地方性法规相协调，既为执法机构提供权限依据，同时又一定程度上限制了执法机构的权力，这为执法机构提供了法律保障；三是《条例》赋予了执法机构一定自由裁量权，这为执法机构提供了程序保障。然而，执法人员配置稍显不足的因素，妨碍了执法机构有效执行《条例》，因此，建议增加执法人员的配置来改善这种执法人员不足的现状。

4.1.4 《条例》的实现性

法的实现，是指通过执法、守法和法律监督的过程，达到法律设定的权利和义务的结果。法的实现是一项复杂的社会活动，其涉及法律法规本身，也与执法、司法紧密联系、甚至与社会环境也是息息相关的。微观上，其以规定的权利义务的落实为标志；宏观上，其以立法目的的实现，法的价值的实现为标志。

课题组在对《条例》的实现性进行评估时，将实现性指标分为以下六个方面：《条例》实施对社会财产及权利的保障；《条例》的实施所得到的直接或间接经济效益；《条例》的实施对社会秩序和人的观念的影响；《条例》的实施对需要解决的问题、目标人群的需要的契合与满足度；《条例》的实施对行政纠纷解决的影响；《条例》的实施对法院受理案件的影响。如前所述，法的实现性是多重因素相互作用的综合结果，所以在评估时也需要对多个方面的相关因素给予一定的考量，而不能局限于《条例》本身。

4.1.4.1 《条例》的实施对社会财产及权利的保障

《条例》第一条明确了其立法目的："加强建设工程质量管理，保证建设工程质量，保护人民生命和财产安全"，可以说《条例》内容的设计也是紧紧围绕这一主旨展开的。该立法目的体现了三层含义，一是《条例》的直接目的是为了加强建设工程质量管理。《条例》对建设工程各方主体的质量责任、分阶段验收和竣工验收、质量保修等问题做了明确的规定，并且详细规定了违反上述规定的法律责任。这些规定都是加强建设工程质量管理这一立法目的的具体化。二是加强建设工程质量管理的目的是保证建设工程质量。强化对建设工程的质量管理是为了保证建设工程质量，严格和规范的管理监督有利于防范建设工程质量问题。三是建设工程质量与人民生命和财产安全息息相关，保障建设工程质量，就是对人民和社会财产及权利的保障。因此评估《条例》实施是否对人民和社会财产及权利给予保障就是看《条例》的实施是否有利于提高建设工程质量。

课题组对来自建设单位、勘察单位、设计单位、施工单位、工程监理单位、施工图审查机构等建设工程各方主体的167名受访者发放了问卷，问题是："《条例》的实施对提高建设工程质量、建造优质工程起到多大作用？"，有166名受访者返回了有效问卷。问卷结果显示：认为作用非常大的有28人，有效百分比16.9%；认为作用比较大的为71人，有效百分比42.5%；认为作用一般的有55人，有效百分比33.1%；比较弱的有8人，有效百分比4.8%；非常弱的有4人，有效百分比2.4%。可见有92.8%的受访者认为，《条例》的实施对提高建设工程质量，建设优质工程有一定作用。

《条例》的实施对提高建设工程质量、建造优质工程起到多大作用？

选项	频数	有效百分比	累计百分比
非常大	28	16.9	16.9
比较大	71	42.8	59.6
一般	55	33.1	92.8
比较弱	8	4.8	97.6
非常弱	4	2.4	100.0

当然，最后我们还需要强调的是，主体权利和财产的保障，并非《条例》的一己之功，这与我国法制的日益完善是分不开的。建设工程质量问题，有来自其他位阶的法律法规予以规制，例如《建筑法》《建设工程质量管理条例》等，建设工程质量的提高是在综合影响因素作用下实现的。当然，《条例》作

为其中重要因素之一，尤其是在本市范围内，其不仅位阶较高，而且极具地方特色，其对天津市建设工程各方当事人权益保护的作用是不可忽视的。

4.1.4.2 《条例》的实施所得到的直接或间接经济效益

4.1.4.2.1 《条例》的实施带来的直接经济效益

从长远角度讲，提高建设工程质量，就能减少工程的维修成本和由于工程安全造成的其他间接损失，因此虽然《条例》的实施增加了相关主体建设工程质量管理成本和违法成本，但是却总体降低了长期的工程维修成本，提高了建设工程各方主体的信誉度和美誉度，提高了其无形资产的价值或品牌价值，为其带来直接的经济效益。

4.1.4.2.2 《条例》的实施带来的间接经济效益

当然，《条例》间接经济利益的实现，是通过间接方式完成的。虽然无法直接衡量这些经济利益，但是我们不能否认这些经济利益的存在，且其与上述《条例》的目的的实现紧密相关。《条例》的实施对建设工程质量的提高越是明显，其实现的间接经济利益也越大。

《条例》的实施对建设工程质量违法行为的降低也会产生间接经济效益。课题组对来自建设单位、勘察单位、设计单位、施工单位、工程监理单位、行政管理机关、施工图审查机构、法院、律师事务所等机构的289名受访者进行了《条例》对建设工程质量违法行为影响的问卷调查，调查的问题是："《条例》的实施对防止和减少建设工程违法行为的作用有多大？"，287人返回有效问卷。调查结果为：认为非常大的有48人，有效百分比16.7%；比较大的有130人，有效百分比45.3%；一般的有80人，有效百分比27.9%；比较弱的有25人，有效百分比8.7%；非常弱的有4人，有效百分比1.4%。可见有89.9%的人认可《条例》的实施对减少建设质量违法有一定的作用，62%的人认为显著。因此，《条例》的实施对防止和减少建设工程违法行为起到一定作用。违法行为的减少可以说明权利人合法权益得到了维护。

《条例》的实施对防止和减少建设工程违法行为的作用有多大？

选项	频数	有效百分比	累计百分比
1. 非常大	48	16.7%	16.7%
2. 比较大	130	45.3%	62.0%
3. 一般	80	27.9%	89.9%

续表

选项	频数	有效百分比	累计百分比
4. 比较弱	25	8.7%	98.6%
5. 非常弱	4	1.4%	100.0%

《条例》第一条明确了其制定的目的，而实现经济效益并非其直接目的。但是提高建设工程质量和保护人民生命和财产安全是建筑市场健康发展的基础与保障，建筑市场的发展必然会带来经济效益。当然在认识到《条例》在实施过程中会带来经济效益的同时，我们还是要强调两点：首先，建筑市场的经济效益的实现是一个社会多因素共同作用的结果，《条例》的作用既是间接的，又是部分的，经济效益的实现既受到法制环境的约束，还受到其他社会环境的约束；其次，《条例》虽然是建设工程质量管理方面的法规，但是建筑市场涉及的主体和范围相当广泛的，《条例》受内容和位阶的限制，其影响的范围是有限的。

4.1.4.3 《条例》的实施对社会秩序和人的观念的影响

《条例》作为一个针对专业领域的地方性法规，其对社会秩序和人的观念的影响，我们不能有太高的奢望，因为其受到法律位阶和内容的局限。其对社会秩序和人的观念的影响，也应该局限在工程质量领域。

4.1.4.3.1 《条例》的实施对社会秩序的影响

《条例》第一条就表明其目的是在加强建设工程质量管理，其对其他社会秩序的影响应当是极其微弱的。然而即使是针对建设工程质量领域，秩序的好坏也没有标准的尺度来衡量，也没有可以参考的客观指标，所以对社会秩序的判断，大部分还是来自市场主体和执法者的主观感受。违法行为的减少是社会秩序重要标志。前文提到的课题组对来自建设单位、勘察单位、设计单位、施工单位、工程监理单位、行政管理机关、施工图审查机构、法院、律师事务所等机构的 289 名受访者进行了《条例》对建设工程质量违法行为影响的问卷调查，调查结果显示有 89.9% 的人认可《条例》的实施对减少建设质量违法有一定的作用，62% 的人认为显著作用。因此，《条例》的实施对社会秩序的维护是有一定影响的。另外，《条例》对建设工程的各方主体在建设工程质量问题中的责任分担、建设工程的验收和保修制度做了明确的规定，可以定纷止争，本身就维护了建设工程中的某些秩序。《条例》制定颁布之后，要想实现符合其立法目的的法律秩序，必须要有与之相适应的执法制度和与其内容相匹配的社会环境。《条例》对社会秩序维护的良好效果，也在一定程度上说明我国执法环境的进步，从侧面印证了《条例》内容的科学性与客观性。

4.1.4.3.2 《条例》的实施对个人的观念的影响

法律规范对个人观念的影响，主要表现为法律法规被个人所认知、了解，当其遇到相关问题的时候，有运用和遵守该法律法规的意识。就《条例》而言，这里的个人主要是建设工程的各方主体。此外《条例》作为地方性法规，其与其他相关法律法规共同组成了建设工程质量管理的法律体系，个人的观念转变很难确定其是否来源于某一部特定的法律或法规，除非对个人某个特定观念的影响的法律规定，只存在于某一单独的法律法规中。然而，虽然《条例》中有些具有天津特色的规定，但是建设工程质量管理的绝大部分问题在上位法中都有明确的规定，因此对个人观念的影响评估具有较大的局限性。

评估《条例》的实施对个人观念的影响，主要有三个参考指标，一是个人对《条例》内容的熟悉程度。熟悉程度在一定程度上反映了《条例》对个人的重要性和普及型，也反映了《条例》对个人的影响力。二是《条例》的宣传力度。一定程度的宣传，会潜移默化的影响个人的相关行为，宣传力度越大、宣传频率越高，对个人观念的影响越大。三是，个人自觉适用和遵守《条例》的程度。个人的行为直接反映了其思想观念，其遵守《条例》的行为程度就表明其受《条例》的影响程度。

课题组通过调查问卷对来自建设单位、勘察单位、设计单位、施工单位、工程监理单位、行政管理机关、施工图审查机构、法院、律师事务所等机构的289名受访者进行了《条例》了解程度调查，调查的问题是："您对《条例》的了解程度如何？"，289人全部返回了有效问卷。结果显示：有43认为自己对《条例》非常了解，有效百分比14.9%；认为比较了解的有115人，有效百分比39.8%；了解程度一般的有82人，有效百分比28.4%；不太了解的29人，有效百分比10%；不了解的有20人，有效百分比6.9%。可见在受访者中对《条例》有一定了解的占83%，说明个人对《条例》的了解程度是十分高的，进而可以推定《条例》对个人行为的影响也较高。

您对《条例》的了解程度如何？

选项	频数	有效百分比	累计百分比
1. 非常了解	43	14.9%	14.9%
2. 比较了解	115	39.8%	54.7%
3. 一般	82	28.4%	83.0%
4. 不太了解	29	10.0%	93.1%
5. 不了解	20	6.9%	100.0%

课题组针对《条例》涉及的有关主体进行了宣传度调查，针对289名受访者发放了问卷，问题是："您对《条例》的宣传力度作何评价？"，最终返回了288份有效问卷。结果显示：有31人认为宣传力度非常大，有效百分比10.8%；有81人认为比较大，有效百分比28.1%；有108人认为一般，有效百分比37.5%；有51人认为比较弱，有效百分比37.5%；有17人认为非常弱，有效百分比5.9%。可见有76.4%的人认为《条例》有一定的宣传力度。

您对《条例》的宣传力度作何评价？

选项	频数	有效百分比	累计百分比
1. 非常大	31	10.8%	10.8%
2. 比较大	81	28.1%	38.9%
3. 一般	108	37.5%	76.4%
4. 比较弱	51	17.7%	94.1%
5. 非常弱	17	5.9%	100.0%

课题组同时对上述167名受访者进行了《条例》适用自觉性的问卷调查。问题是："在建设工程过程中，您主要依据哪部法律法规来规范自身行为？"有151名受访者返回了有效问卷。结果显示：认为主要适用《中华人民共和国建筑法》的有36人，有效百分比23.8%，认为主要适用国务院《建设工程质量管理条例》有57人，有效百分比37.7%，认为主要适用《天津市建设工程质量管理条例》有38人，有效百分比38.5%。可见有38%的人倾向于适用《条例》，说明条例对个人观念的影响是比较大的。

在建设工程过程中，您主要依据哪部法律法规来规范自身行为？

选项	频数	有效百分比
《中华人民共和国建筑法》	36	23.8
国务院《建设工程质量管理条例》	57	37.7
《天津市建设工程质量管理条例》	58	38.5

4.1.4.4 《条例》的实施对需要解决的问题、目标人群的需要的契合与满足度

《条例》实施的主要目的是加强建设工程质量管理，保证建设工程质量，其需要解决的主要问题是通过约束建设工程相关主体的从业行为，达到建设工程质量管理的目的，最终保证建设工程的质量。评估《条例》的实施对目标和目标人群的契合和满足度，主要从以下几个方面进行：

4.1.4.4.1 《条例》的实施与经济社会发展水平的协调性

经济社会发展水平是人类需求的重要决定因素和制约因素，探讨目标人群需要的契合与满足度，可以直接考察《条例》实施与经济发展水平的协调性。课题组通过调查问卷对来自建设单位、勘察单位、设计单位、施工单位、工程监理单位、行政管理机关、施工图审查机构、法院、律师事务所等机构的289名受访者进行了《条例》与经济社会发展水平协调性调查，调查的问题是："从整体上看，《条例》与天津市经济社会发展状况的匹配程度如何？"，最终返回了284份有效问卷。结果显示：有27人认为非常一致，有效百分比9.5%；有151人认为比较一致，有效百分比53.2%；有90人认为一般，有效百分比31.7%；有14人认为不太一致，有效百分比4.9%；有2人认为非常不一致，有效百分比0.7%。可见有62.7%的受访者认为《条例》与天津市经济社会发展水平协调性比较高。因此《条例》总体上是与天津市经济社会发展状况相匹配的，这说明《条例》的实施与需求具有一定的契合性。

从整体上看，《条例》与天津市经济社会发展状况的匹配程度如何？

选项	频度	有效百分比	累计百分比
1.非常一致	27	9.5%	9.5%
2.比较一致	151	53.2%	62.7%
3.一般	90	31.7%	94.4%

续表

选项	频度	有效百分比	累计百分比
4.不太一致	14	4.9%	99.3%
5.非常不一致	2	0.7%	100.0%

4.1.4.4.2 《条例》的实施对相关主体从业行为的规范性

《条例》的实施与解决提高建设工程质量问题的契合度，取决于《条例》规范相关责任主体的从业行为的程度。根据《条例》第四条的规定："建设工程的建设、勘察、设计、施工和工程监理单位，应当严格履行质量义务，依法承担质量责任。"因此建设工程责任主体包括建设单位、勘察单位、设计单位、施工单位和工程监理单位。课题组针对上述单位的若干受访者分别进行了有关《条例》规范性问卷调查。

针对来自建设单位的50名受访者，课题组提出的问题是："《条例》的实施，是否从总体上达到了规范建设单位从业行为，促进天津市建设工程质量健康发展的目的？"有49名受访者返回了有效问卷。结果显示：认为基本达到的有27人，有效百分比55.1%；认为部分达到的有19人，有效百分比38.8%；认为少许达到的有3人，有效百分比6.1%。可见有超过93.9%的受访者认为《条例》的实施部分达到了规范建设单位从业行为的目的。

《条例》的实施，是否从总体上达到了规范建设单位从业行为，促进天津市建设工程质量健康发展的目的？

选项	频度	有效百分比	累计百分比
1.完全达到	0	0.0%	0.0%
2.基本达到	27	55.1%	55.1%
3.部分达到	19	38.8%	93.9%
4.少许达到	3	6.1%	100.0%
5.完全没达到	0	0.0%	100.0%

针对来自勘察单位的8名受访者，课题组提出的问题是："《条例》的实施，是否从总体上达到了规范勘察单位从业行为，促进天津市建设工程质量健康发展的目的？"8名受访者都返回了有效问卷。结果显示：有1人认为完全达

到目的，有效百分比 12.5%；4 人认为基本达到目的，有效百分比 50%；认为部分达到、少许达到和完全没达到的各 1 人，分别有效百分比 12.5%。可见有 62.5% 的受访者认为《条例》的实施能够基本规范勘察单位的行为。

《条例》的实施，是否从总体上达到了规范勘察单位从业行为？

选项	频度	有效百分比	累计百分比
1. 完全达到	1	12.5%	12.5%
2. 基本达到	4	50.0%	62.5%
3. 部分达到	1	12.5%	75.0%
4. 少许达到	1	12.5%	87.5%
5. 完全没达到	1	12.5%	100.0%

针对来自设计单位的 30 名受访者，课题组提出的问题是："《条例》的实施，是否从总体上达到了规范设计单位从业行为，促进天津市建设工程质量健康发展的目的？"，其中 27 名受访者返回了有效问卷。结果显示：有 1 人认为完全达到目的，有效百分比 3.7%；有 18 人认为基本达到，有效百分比 66.7%；有 6 人认为部分达到，有效百分比 22.2%；有 1 人认为少许达到，有效百分比 3.7%；有 1 人认为完全没达到，有效百分比 3.7%。可见有 70.4% 的受访者认为《条例》起到了规范设计单位行为的目的。

《条例》的实施，是否从总体上达到了规范设计单位从业行为，促进天津市建设工程质量健康发展的目的？

选项	频度	有效百分比	累计百分比
1. 完全达到	1	3.7%	3.7%
2. 基本达到	18	66.7%	70.4%
3. 部分达到	6	22.2%	92.6%
4. 少许达到	1	3.7%	96.3%
5. 完全没达到	1	3.7%	100.0%

针对来自施工单位的 35 名受访者，课题组提出的问题是："《条例》的实施，是否从总体上达到了规范施工单位从业行为，促进天津市建设工程质量健康发展的目的？"，其中 33 名受访者返回了有效问卷。结果显示：有 2 人认为完全达到目的，有效百分比 6.1%；有 22 人认为基本达到目的，有效百分比 66.7%；有 5 人认为部分达到目的，有效百分比 15.2%；有 3 人认为少许达

到目的，有效百分比9.1%；有1人认为完全没达到，有效百分比3%。可见有72.7%的受访者认为《条例》的实施达到了可以规范施工单位从业行为的目的。

《条例》的实施，是否从总体上达到了规范施工单位从业行为，促进天津市建设工程质量健康发展的目的？

选项	频度	有效百分比	累计百分比
1.完全达到	2	6.1%	6.1%
2.基本达到	22	66.7%	72.7%
3.部分达到	5	15.2%	87.9%
4.少许达到	3	9.1%	97.0%
5.完全没达到	1	3.0%	100.0%

针对来自工程监理单位的33名受访者，课题组提出的问题是："《条例》的实施，是否从总体上达到了规范工程监理单位从业行为，促进天津市建设工程质量健康发展的目的？"，其中33名受访者都返回了有效问卷。结果显示：有3人认为完全的达到目的，有效百分比9.1%；有15人认为基本达到目的，有效百分比45.5%；有12人认为部分达到目的，有效百分比36.4%；有3人认为少许达到目的，有效百分比9.1%。可见有54.5%的受访者认为《条例》的实施达到了可以规范施工单位从业行为的目的。

《条例》的实施，是否从总体上达到了规范工程监理单位从业行为，促进天津市建设工程质量健康发展的目的？

选项	频数	有效百分比	累计百分比
完全达到	3	9.1	9.1
基本达到	15	45.5	54.5
部分达到	12	36.4	90.9
少许达到	3	9.1	100.0

将5个责任主体的数据汇总对比，可以得出结论：相关主体从业行为通过《条例》的实施得到了进一步规范，有利于进一步提高天津市建设工程质量，达到了促进建设工程质量健康发展的目的。因此《条例》的实施对需要解决的问题、目标人群的需要的契合与满足度较高。

《条例》的实施,是否从总体上达到了规范相关主体从业行为,促进天津市建设工程质量健康发展的目的?

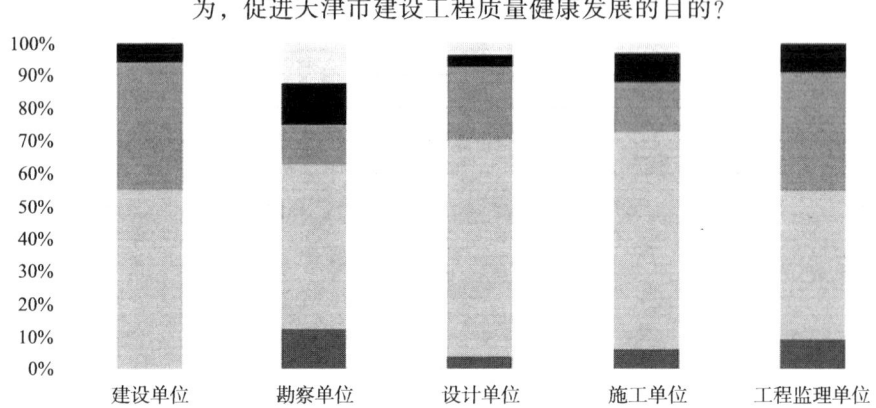

[柱状图:横轴为建设单位、勘察单位、设计单位、施工单位、工程监理单位;图例为 完全达到、基本达到、部分达到、少许达到、完全没达到]

当然,在满足需求方面不可避免地存在一些问题。对建筑市场信用信息系统的规定应当说是《条例》的一个亮点,建筑市场信用信息系统的建立和完善是维护建筑市场竞争秩序、规范相关主体从业行为,进而提高建设工程质量的一个有效途径。课题组在座谈中发现建设工程质量责任各方主体都充分表达了自身对建筑市场信用信息系统的渴望,希望该系统早日为其开展业务提供便利。然而,当课题组在对行政主管部门进行调研时,却发现该系统其实已经建立,并公示有一定数量的相关信息,质量违法信息已经及时记载在系统中。建筑市场主管行政部门作为系统的提供方认为该系统很完善,质量责任主体作为需求方,却还是依靠传统的方式获取其他公司的信息。这说明该系统提供方与目标人群需求方缺乏有效积极沟通,在该系统建立和完善方面二者间有待进一步的合作。当然这也许并非是《条例》本身的问题,但是对《条例》的执行不当会影响其目的的实现。

4.1.4.5 《条例》的实施对行政纠纷的影响

评估《条例》的实施对行政纠纷的影响,主要从三个方面考察:一是行政执法机关的主观评价,二是考察行政执法机关实际执法中对《条例》的适用性,三是考察行政执法引起的行政复议及解决情况。

4.1.4.5.1 行政执法机关的主观评价

课题组针对30名行政机关执法工作人员进行了《条例》对建设工程质量

纠纷影响情况的问卷调查。问题是："《条例》的实施对减少天津市建设工程质量纠纷的作用有多大？"。30名受访者都返回了有效问卷。结果显示：认为该条例实施对减少天津市建设工程质量纠纷的作用非常大的有11人，有效百分比36.7%；比较大的为有13人，有效百分比43.3%；一般的有5人，有效百分比16.7%。由此可知，80%的行政机关执法工作人员认为该《条例》的颁布实施对减少天津市建设工程质量纠纷的作用比较大。

《条例》的实施对减少天津市建设工程质量纠纷的作用有多大？

选项	频数	百分比	累计百分比
1. 非常大	11	36.7%	36.7%
2. 比较大	13	43.3%	80.0%
3. 一般	5	16.7%	96.7%
4. 比较弱	1	3.3%	100.0%
5. 非常弱	0	0.0%	100.0%

4.1.4.5.2 行政执法机关实际执法中对《条例》的适用性

课题组对天津市建设工程质量安全监督管理总队2011-2013年上半年行政执法案件情况进行了调研，查阅了行政执法档案。2011年建设工程行政处罚85件，其中涉及工程质量案件18件；2012年行政处罚92件，其中涉及工程质量案件19件；2013年上半年行政处罚40件，其中涉及工程质量案件5件。2年半时间共计处理工程质量案件42件。在这些案件中援引《条例》进行处罚的仅有9件，其中仍有2件同时适用了《条例》和国务院《建设工程质量管理条例》。所有的行政处罚案件都没有提起行政复议和行政诉讼。在上述适用《条例》的案件中，都来自日常市场的监督检查，案由分别为：地下室外墙合模完成但部分钢筋绑扎尚未验收合格、水泥未复验监理失职、提供的冬施石子配合比不符合施工技术标准并提供虚假配合报告、未重新组织验收就交付使用、主体结构未经验收进入下道程序、对粉煤灰，矿粉检验出具虚假原始记录、对粉煤灰检验出具虚假原始记录、使用不合格建材，提供虚假被告和质量控制资料记录与工程进度不同步等。适用《条例》的具体条款为第十条、第十六条、第十七条、第十八条、第三十一条、第三十四条、第三十五条、第四十一条等。

天津市工程质量行政处罚案件适用《条例》情况表

年度	案件总数	适用条例	同时适用其他法律	行政复议数
2011	18	5	1	0
2012	19	4	1	0
2013 上半年	5	0		0

如果狭义上理解行政纠纷，应该仅指行政复议或行政诉讼的数量，但是从上述调研结果看，建设工程质量领域并没有行政纠纷发生。由于没有其他年份的数据，在此不能断定其他年度是否有行政纠纷的发生，但是我们可以从这两年半的情形推断之前的年份即使有行政纠纷的发生，其比例也应当是非常低的。同时，在上述统计中，我们可以看出行政处罚中真正适用《条例》的案件比重是比较低的，2011 年和 2012 年分别占 27.7% 和 21%，行政机关仍然在行政处罚中倾向于适用上位法。

质量责任主体对行政机关的处罚不提起行政复议或行政诉讼一般而言主要是出于以下几个原因：一是相关主体对处罚认可和接受；第二，行政复议或者行政诉讼成本较高；第三，行政复议或诉讼的预期效果难以令人满意；第四，行政处罚数额较低，与行政复议或诉讼的预期收益不成比例。2011-2013 年上半年工程质量案件的处罚额最低 1 万元，最高 20 万元。而预期诉讼或复议收益几乎没有，且工程还在继续，还要在该行政执法机关的管辖范围内从业。相关主体综合考虑成本收益几乎都会选择不进行行政复议。

为了更准确地反映行政纠纷数量低的原因，课题组针对质量责任各方主体进行了行政机关执法公正性的主观调查，受访者 167 名，有 163 名返回了有效问卷。问题是："您认为建设行政主管部门在执法的过程中是否依照法定程序公正执法？"。结果显示：选择是的有 141 人，有效百分比 84.4%，选择不是的有 22 人，有效百分比 13.2%。可见工程质量责任主体对行政机关处罚的公正性还是比较认可的，这也是行政纠纷发生率低的原因之一。

您认为建设行政主管部门在执法的过程中是否依照法定程序公正执法？

选项	频数	有效百分比	累计百分比
是	141	86.5	86.5
否	22	13.5	100.0

4.1.4.6 《条例》实施对法院审理相关案件的影响

评估《条例》的实施对法院审理案件的影响，主要从下面几个方面进行：一是法官对《条例》适用性的主观感受，二是考察《条例》的实际适用情况，三是考察《条例》的实施是否对受理案件数量变化有影响。

4.1.4.6.1 法官对《条例》适用性的主观感受

课题组通过调查问卷对来自法院系统的 42 名法官进行了《条例》的司法适用性调查，调查的问题是："在有关建设工程质量的案件中，《条例》的适用性如何？"，41 名受访者返回了有效问卷。结果显示：认为非常有用的仅有 2 人，占 4.9%；比较有用的仅有 16 人，占 39%；一般的有 17 人，占 41.5%；比较无用的有 2 人，占 4.9%；无用的有 4 人，占 9.8%。比较有用以上的累计有效百分比仅有 43.9%。可见司法系统的人员认为《条例》的可适用性不高。

在有关建设工程质量的案件中，《条例》的适用性如何？

选项	频数	有效百分比	累计百分比
1. 非常有用	2	4.9%	4.9%
2. 比较有用	16	39.0%	43.9%
3. 一般	17	41.5%	85.4%
4. 比较无用	2	4.9%	90.2%
5. 无用	4	9.8%	100.0%

4.1.4.6.2 《条例》的实际司法适用情况

课题组针对基层法院进行了调研和座谈后发现：建设工程类案件整体呈现低位运行，减少趋势。和平区人民法院 2012 年审理 37 件，2013 年审理 50 件，河西区人民法院，2011 年审理 41 件，2012 年审理 54 件，2013 年审理 31 件，2014 年 14 件。案件主要集中在建设工程勘察、设计、施工纠纷中。课题组未能获取天津市具体实际适用《条例》的案件数量。但是，课题组通过北大法宝司法案例数据库进行检索，可以查明截至 2014 年 6 月，仅有 1 起案件判决适用了《条例》。该案为"赤峰某某有限公司与沈阳某某工程有限公司承揽合同纠纷上诉案"，由辽宁省沈阳市中级人民法院（2011）沈中民三终字第 1319 号判决。该案适用了《天津市建设工程质量管理条例》第二十四条的规定，即门窗工程的最低保修期为 5 年。

4.1.4.6.3 《条例》的实施对法院受理案件数量的影响

课题组通过调查问卷对来自法院系统的 42 名法官进行了《条例》对受理案件数量影响的调查，调查的问题是："《条例》实施后，相较之前，您受理或参与的相关案件数量变化情况如何？"，42 名受访者都返回了有效问卷。结果显示：认为大量增加的仅有 1 人，有效百分比 2.4%；认为增加的有 7 人，占 16.7%；认为不变的有 25 人，有效百分比 59.5%；减少的有 9 人，有效百分比 21.4%。认为没有变化甚至增加的有效百分比达 78.6%。可见《条例》的实施几乎对法院受理案件没有任何积极影响。

《条例》实施后，相较之前，您受理或参与的相关案件数量变化情况如何？

选项	频数	有效百分比	累计百分比
1. 大量增加	1	2.4%	2.4%
2. 增加	7	16.7%	19.0%
3. 不变	25	59.5%	78.6%
4. 减少	9	21.4%	100.0%
5. 大量减少	0	0.0%	100.0%

除了整体上对司法案件影响不大外，课题组无法理清《条例》的实施对司法的影响。在座谈会上，法院代表指出法院审理的涉及建设工程的案件，大多数都是主体之间的合同纠纷，在具体审理过程很少直接援引《条例》的相关规定。虽然在《条例》中有有关质量责任的大量规定，但是法院更倾向于援引上位法和有关司法解释作出判决。

4.2 守法评估

守法评估主要是对《条例》涉及建设工程质量责任主体遵守法律的情况进行评估。主要分为主动守法效果评估和被动守法效果评估。

4.2.1 主动守法效果

主动守法效果评估主要是考察质量责任主体对《条例》的了解程度、接受程度和满意程度。

4.2.1.1　行为人对《条例》的了解程度

课题组对建设工程建设单位、勘察单位、设计单位、施工单位、工程监理单位等主体的167名受访者进行了《条例》了解程度的问卷调查。问题是："您对《条例》了解程度如何？"，有167名受访者返回了有效问卷。结果显示：有21人认为自己对《条例》非常了解，有效百分比12.6%；有72人认为比较了解，有效百分比43.1%；认为一般了解的有43人，有效百分比25.7%；不太了解的有19人，有效百分比11.4%；不了解的有12人，有效百分比7.2%。可见，有55.7%的个人对《条例》的熟悉程度较高，有81.4%的人对《条例》有一定程度的了解。总体而言，建设工程各方主体对《条例》的熟悉程度较高。

您对《条例》了解程度如何？

选项	频数	有效百分比	累计百分比
非常了解	21	12.6	12.6
比较了解	72	43.1	55.7
一般	43	25.7	81.4
不太了解	19	11.4	92.8
不了解	12	7.2	100.0

4.2.1.2　行为人对《条例》的接受程度

行为人对《条例》的接受程度取决于执法部门对《条例》的宣传力度、《条例》制定过程中的公众参与程度和质量责任主体约束自己行为的适用性。

4.2.1.2.1　行政执法部门对《条例》的宣传力度

课题组对来自建设工程质量责任各方主体的167名受访者进行了《条例》宣传力度的问卷调查。问题是："您对《条例》的宣传力度作何评价？"有166名受访者返回了有效问卷。结果显示：认为《条例》宣传力度非常大的有15人，有效百分比9%；比较大的50人，有效百分比30.1%；一般的有68人，有效百分比41%；比较弱的有24人，有效百分比14.5%；非常弱的有9人，有效百分比6%。可见，只有39.2%的相关人员认为《条例》的宣传力度比较大，有80.1%的人认为《条例》有一定的宣传力度。可见还需要加大《条例》的宣传力度。

您对《条例》的宣传力度作何评价？

选项	频数	有效百分比	累计百分比
非常大	15	9.0	9.0
比较大	50	30.1	39.2
一般	68	41.0	80.1
比较弱	24	14.5	94.6
非常弱	9	6	100.0

4.2.1.2.2 《条例》制定过程中行为人参与程度

课题组通过调查问卷对来自建设单位、勘察单位、设计单位、施工单位、工程监理单位等单位的167受访者进行了《条例》参与程度调查。问题是："据您了解，《条例》在制定过程中，公众的参与度如何？"，有165名受访者返回了有效问卷。结果显示：有11人认为公众参与度非常高，占6.7%；有53人认为公众参与度比较高，占32.1%；有61人认为公众参与度一般，有效百分比37.0%；有31人认为公众参与度比较低，有效百分比18.8%；有9人认为非常低，有效百分比5.5%。可见只有38.8%的受访者认为《条例》在制定过程中相关建设工程责任主体的参与程度比较高，有61.2%的受访者认为相关建设工程责任主体未能参与《条例》的制定过程。

据您了解，《条例》在制定过程中，公众的参与度如何？

选项	频数	有效百分比	累计百分比
非常高	11	6.7	6.7
比较高	53	32.1	38.8
一般	61	37.0	75.8
比较低	31	18.8	94.5
非常低	9	5.5	100.0

4.2.1.2.3 《条例》对行为人的主动适用性

课题组对上述167名受访者进行了《条例》适用自觉性的问卷调查。问题是："在建设工程过程中，您主要依据哪部法律法规来规范自身行为？"有151名受访者返回了有效问卷。结果显示：认为主要适用《中华人民共和国建筑法》的有36人，有效百分比23.8%，认为主要适用国务院《建设工程质量管理条例》有57人，有效百分比37.7%，认为主要适用《天津市建设工程质量管理条例》有38人，有效百分比38.5%。可见有38%的人倾向于适用《条例》，说明《条例》对行为人来说有一定的主动适应性。

在建设工程过程中，您主要依据哪部法律法规来规范自身行为？

选项	频数	有效百分比
《中华人民共和国建筑法》	36	23.8
国务院《建设工程质量管理条例》	57	37.7
《天津市建设工程质量管理条例》	58	38.5

4.2.1.3 行为人对《条例》的满意程度

行为人对《条例》的满意程度可以从以下几个方面去评估：一是行为人对《条例》与经济社会发展状况的匹配程度的主观评价；二是行为人对《条例》与上位法协调程度的主观评价；三是行为人对《条例》同位法协调程度的主观评价；四是行为人对《条例》目标实现性的主观评价。

4.2.1.3.1 行为人对《条例》与经济社会发展状况的匹配程度的主观评价

课题组通过调查问卷对来自建设单位、勘察单位、设计单位、施工单位、工程监理单位等单位的167名受访者进行了《条例》与经济社会发展状况匹配程度的主观评价调查。问题是："从整体上看，《条例》与天津市经济社会发展状况的匹配程度如何？"。有163名受访者返回了有效问卷。结果显示：有18人认为匹配程度非常一致，有效百分比11%；有86人认为比较一致，有效百分比52.8%；有47人认为匹配程度一般，有效百分比28.8%；有10人认为不太一致，有效百分比6.1%；有2人认为非常不一致，有效百分比1.2%。可见有63.8%的行为人认为《条例》与经济社会发展状况匹配程度较高。

从整体上看，《条例》与天津市经济社会发展状况的匹配程度如何？

选项	频数	有效百分比	累计百分比
非常一致	18	11.0	11.0
比较一致	86	52.8	63.8
一般	47	28.8	92.6
不太一致	10	6.1	98.8
非常不一致	2	1.2	100.0

4.2.1.3.2　行为人对《条例》与上位法协调程度的主观评价

课题组通过调查问卷对上述167名受访者进行了《条例》与上位法匹配程度的主观评价调查。问题是："《条例》与《中华人民共和国建筑法》、国务院《建设工程质量管理条例》的协调一致程度如何？"。其中166名受访者返回了有效问卷。结果显示：有22人认为非常一致，有效百分比13.3%；有99人认为比较一致，有效百分比59.6%；有40人认为协调程度一般，有效百分比24.1%；有2人认为不太一致，有效百分比1.2%；有3人认为非常不一致，有效百分比1.8%；可见有72.9%的行为人对《条例》与上位法的匹配程度给予了较高评价。

《条例》与《中华人民共和国建筑法》、国务院《建设工程质量管理条例》的协调一致程度如何？

选项	频数	有效百分比	累计百分比
非常一致	22	13.3	13.3
比较一致	99	59.6	72.9
一般	40	24.1	97.0
不太一致	2	1.2	98.2
非常不一致	3	1.8	100.0

4.2.1.3.3　行为人对《条例》与同位法协调程度的主观评价

课题组通过调查问卷对上述167名受访者进行了《条例》与上位法匹配程度的主观评价调查。问题是："《条例》的内容与《天津市建筑市场管理条例》《天津市建设工程施工安全管理条例》等地方性法规的协调一致程度如何？"。其中164名受访者返回了有效问卷。结果显示：有22人认为协调程度非常一致，有效百分比13.4%；有86人认为协调程度比较一致，有效百分比52.4%；有49人认为协调程度一般，有效百分比29.9%；认为不太一致的有5人，有效百分比3%。可见，有65.9%的行为人认为《条例》与同位法协调程度较高。

《条例》的内容与《天津市建筑市场管理条例》《天津市建设工程施工安全管理条例》等地方性法规的协调一致程度如何？

选项	频数	有效百分比	累计百分比
非常一致	22	13.4	13.4
比较一致	86	52.4	65.9
一般	49	29.9	95.7
不太一致	5	3.0	98.8
非常不一致	2	1.2	100.0

4.2.1.3.4 行为人对《条例》目标实现性的主观评价

课题组通过调查问卷对上述167名受访者进行了《条例》目标实现性主观评价调查。问题是："《条例》的实施对提高建设工程质量、建造优质工程起到多大作用？"。有166名受访者返回了有效问卷。结果显示：有28人认为《条例》提高建设工程质量的作用非常大，有效百分比16.9%；有71人认为作用比较大，有效百分比42.8%；有55人认为作用一般，有效百分比33.1%；认为作用比较弱的有8人，有效百分比4.8%；认为作用非常弱的有4人，有效百分比2.4%。可见有59.6%的行为人认为《条例》对提高建设工程质量、建造优质工程起到非常大的作用。

《条例》的实施对提高建设工程质量、建造优质工程起到多大作用？

选项	频数	有效百分比	累计百分比
非常大	28	16.9	16.9
比较大	71	42.8	59.6
一般	55	33.1	92.8
比较弱	8	4.8	97.6
非常弱	4	2.4	100.0

4.2.2 被动守法效果

被动守法效果分析主要从《条例》对行为人观念和行为影响程度、违法的成本两个方面进行。

4.2.2.1 《条例》对行为人观念与行为的影响

4.2.2.1.1 《条例》对行为人观念的影响

评估《条例》对行为人观念的影响，主要有三个参考指标：一是行为人对

《条例》内容的熟悉程度；二是《条例》的宣传力度；三是行为人自觉适用和遵守《条例》的程度。课题组通过问卷对上述三个指标进行了调查统计，结果显示有55.7%的行为人对《条例》的熟悉程度较高，有81.4%的人对《条例》有一定程度的了解。39.2%的相关人员认为《条例》的宣传力度比较大，有80.1%的人认为《条例》有一定的宣传力度。有38%的人倾向于适用《条例》。综合上述指标可知，《条例》对行为人的观念存在一定程度的影响，但是影响力较弱。

4.2.2.1.2 《条例》对行为人行为的影响

法律的作用在于规范人的行为，约束其按照法律规定的方式开展活动。评估《条例》对行为人行为的影响需要考察行为人遵守《条例》各项条款的情况，包括对行为人总体违法行为的评价。从前期调研和论证的结果看，《条例》的实施对建设工程质量纠纷的数量没有显著影响。课题组无法获知行为人遵守各项条款的情况，只能总体上去评价《条例》的实施对行为人整体违法情况的影响。课题组对来自建设单位、勘察单位、设计单位、施工单位、工程监理单位、行政管理机关、施工图审查机构、法院、律师事务所等机构的289名受访者进行了《条例》对建设工程质量违法行为影响的问卷调查，调查结果显示有89.9%的人认可《条例》的实施对减少建设质量违法有一定的作用，62%的人认为作用显著。可见《条例》的实施对行为人违法行为起到了抑制作用，促使行为人减少自己的违法行为，提高建设工程质量。

4.2.2.2 违法的成本分析

建设工程质量违法的成本分析主要从处罚力度的整体主观评价、实际处罚的违法成本、延长义务承担时间的合理性评价、取消资质处罚严厉性的主观评价、降低信用处罚严厉性的主观评价、主要法律责任条款规定的合理性等几个方面进行考察。考虑到违法成本的主观性评价受责任主体承受能力的影响，非责任主体的主观评价会存在较大误差，因此下面的问卷调查样本选取了建设工程责任主体进行综合评价。课题组针对来自建设单位、勘察单位、设计单位、施工单位、工程监理单位等建设工程责任主体的受访者进行了问卷调查，调查结果分类描述如下。

4.2.2.2.1 处罚力度的整体主观评价

课题组针对167名受访者进行了处罚力度主观评价问卷调查，问题是：

"《条例》对建设工程各方主体法律责任中的处罚力度如何?"。有166名受访者返回了有效问卷。结果显示:有23人认为处罚力度非常大,有效百分比13.9%;有87人认为处罚力度比较大,有效百分比52.4%;认为力度一般的有43人,有效百分比25.9%;认为力度比较小的有9人,有效百分比5.4%;非常小的有4人,有效百分比2.4%。可见有66.3%的建设工程质量责任主体认为《条例》规定的处罚力度比较大,有92.2%的责任主体认为有一定的处罚力度。

《条例》对建设工程各方主体法律责任中的处罚力度如何?

选项	频数	有效百分比	累计百分比
非常大	23	13.9	13.9
比较大	87	52.4	66.3
一般	43	25.9	92.2
比较小	9	5.4	97.6
非常小	4	2.4	100.0

4.2.2.2.2 实际处罚的违法成本

课题组查阅的行政主管部门行政处罚档案显示2011—2013年上半年工程质量违法案件的实际处罚额最低1万元,最高20万元,违法企业平均被处罚额约为3.8万,这一数值与企业利润相比是相对偏低的。可见,建设工程质量责任主体实际承担的违法成本是较低的。

4.2.2.2.3 延长义务承担时间的合理性评价

《条例》针对外墙保温、门窗和地下室外围防水工程的保修期进行了规定,将最低保修期规定为5年。保修义务时间与成本有直接的关系,因此对该规定的合理性调查评价结果也可以反映相关企业的违法成本。

课题组针对167名受访者进行了该条款合理性调查,问题是:"新增的"外墙保温、门窗和地下室外围防水工程最低保修期为五年"要求,合理程度如何?"。其中165名受访者返回了有效问卷。结果显示:有23名受访者认为非常合理,有效百分比13.9%;有100名受访者认为比较合理,有效百分比60.6%;有34名受访者认为合理性一般,有效百分比20.6%;有3人认为不太合理,有效百分比1.8%;有5人认为非常不合理,有效百分比3.0%。可见有74.5%的受访者认为该条款的对义务区间的设计比较合理。

新增的"外墙保温、门窗和地下室外围防水工程最低保修期为五年"要求，合理程度如何？

选项	频数	有效百分比	累计百分比
非常合理	23	13.9	13.9
比较合理	100	60.6	74.5
一般	34	20.6	95.2
不太合理	3	1.8	97.0
非常不合理	5	3.0	100.0

4.2.2.2.2.4 取消资质处罚严厉性的主观评价

《条例》针对严重的违法行为，规定了取消一定期限招标资质的处罚，此类处罚没有罚款形式那么明确具体。罚款形式，违法企业可以明确预见到违法成本的数额。而取消资质的处罚违法成本与市场机会成本相关，此类处罚的主观性评价也可以反映违法成本的情况。

课题组针对167名受访者发放了问卷，问题是："对建设工程各方主体情节严重的违法行为，"市建设行政主管部门可以取消其六个月以上十二个月以下在本市参加招投标活动的资格"，您认为该规定是否严厉？"。有166名受访者返回了有效问卷，结果显示：有22人认为非常严厉，有效百分比13.3%；有84人认为比较严厉，有效百分比50.6%；有42人认为严厉程度一般，有效百分比25.3%；有10人认为不太严厉，有效百分比6.0%；认为非常不严厉的有8人，有效百分比4.8%。可见有63.9%的责任主体认为此项处罚比较严厉。

对建设工程各方主体情节严重的违法行为，"市建设行政主管部门可以取消其六个月以上十二个月以下在本市参加招投标活动的资格"，您认为该规定是否严厉？

选项	频数	有效百分比	累计百分比
非常严厉	22	13.3	13.3
比较严厉	84	50.6	63.9
一般	42	25.3	89.2
不太严厉	10	6.0	95.2
非常不严厉	8	4.8	100.0

4.2.2.2.5 降低信用处罚严厉性的主观评价

《条例》创新了建筑企业信用评价制度,并在法律责任中加以规定,对建设工程质量违法行为,将其违法行为和处理结果计入建筑市场信用信息系统。信用评价的降低也会构成责任主体重要的违法成本,但是成本大小的影响因素较多。

课题组针对167名责任主体的受访者发放了问卷,问题是:"创新建立企业信用体系,将建设工程各方主体违法行为和处理结果记入建筑市场信用信息系统,对失信企业的惩戒作用有多大?"。有166名受访者返回了有效问卷。结果显示:有23人认为非常大,有效百分比13.9%;有78人认为比较大,有效百分比47%;有48人认为作用一般,有效百分比28.9%;有12人认为比较小,有效百分比7.2%;有5人认为非常小,有效百分比3%。可见有60.8%的责任主体认为建筑企业信用评价制度起到了比较大的惩戒作用,也就构成了企业一定的违法成本。

创新建立企业信用体系,将建设工程各方主体违法行为和处理结果记入建筑市场信用信息系统,对失信企业的惩戒作用有多大?

选项	频数	有效百分比	累计百分比
非常大	23	13.9	13.9
比较大	78	47.0	60.8
一般	48	28.9	89.8
比较小	12	7.2	97.0
非常小	5	3.0	100.0

4.2.2.2.6 主要法律责任条款规定的合理性

课题组针对建设工程质量责任的各方主体涉及的具体法律责任的规定分别对各方主体进行了合理性主观评价问卷调查,以探究各方主体对各自涉及法律责任的合理性的基本态度,进而确定各方主体对于这些具体规定所折射出的违法成本的接受程度。

(1)建设单位对其所涉及的法律责任合理性评价

序号	法律责任	非常合理	比较合理	一般	不太合理	非常不合理
1	工程监理单位与建设单位或者施工单位串通、弄虚作假降低工程质量，或者将不合格的建设工程、建筑材料、建筑构配件和设备按照合格签字的，由建设行政主管部门责令限期改正，并处以五十万元以上一百万元以下的罚款，降低资质等级或者吊销资质证书；有违法所得的，予以没收；造成损失的，承担连带赔偿责任。	30%	58%	12%	0	0
2	建设单位未按照规定组织阶段验收要求施工单位进入下一工序施工的，施工单位未经阶段验收或者验收不合格擅自进入下一工序施工的，由建设行政主管部门责令限期改正，并处以五万元以上十万元以下罚款。	18%	62%	18%	0	2%
3	建设单位提供虚假竣工验收备案文件的，由建设行政主管部门责令限期改正，并处以十万元以上三十万元以下的罚款。建设单位将建设行政主管部门决定重新组织竣工验收的工程，在重新组织竣工验收前擅自使用的，由建设行政主管部门处以工程合同价款百分之二以上百分之四以下的罚款。	18%	62%	18%	0	2%
4	建设、勘察、设计、施工、工程监理单位违反国家规定，降低工程质量标准，造成重大安全事故，构成犯罪的，对直接责任人员依法追究刑事责任。	34%	46%	20%	0%	0%
5	建设、勘察、设计、施工、工程监理单位的工作人员因调动工作、退休等原因离开该单位后，被发现在该单位工作期间违反国家和本市有关建设工程质量管理规定，造成重大工程质量事故的，仍应当依法追究法律责任。	28%	52%	20%	0%	0%

（2）勘察单位对其所涉及的法律责任合理性评价

序号	法律责任	非常合理	比较合理	一般	不太合理	非常不合理
1	有下列行为的，由建设行政主管部门责令限期改正，并处以十万元以上三十万元以下的罚款；造成工程质量事故的，责令停业整顿，降低资质等级；情节严重的，吊销资质证书；造成损失的，依法承担赔偿责任：勘察单位未按照工程建设强制性标准进行勘察的，不按照规定参与验收或者出具的验收文件不真实的。	13%	63%	13%	0%	13%
2	建设、勘察、设计、施工、工程监理单位违反国家规定，降低工程质量标准，造成重大安全事故，构成犯罪的，对直接责任人员依法追究刑事责任。	25%	38%	25%	13%	0%
3	建设、勘察、设计、施工、工程监理单位的工作人员因调动工作、退休等原因离开该单位后，被发现在该单位工作期间违反国家和本市有关建设工程质量管理规定，造成重大工程质量事故的，仍应当依法追究法律责任。	25%	50%	13%	0%	13%

（3）设计单位对其所涉及的法律责任合理性评价

序号	法律责任	非常合理	比较合理	一般	不太合理	非常不合理
1	有下列行为之一的，由建设行政主管部门责令限期改正，并处以十万元以上三十万元以下的罚款；造成工程质量事故的，责令停业整顿，降低资质等级；情节严重的，吊销资质证书；造成损失的，依法承担赔偿责任：（一）设计单位未根据勘察文件进行工程设计的；（二）设计单位指定建筑材料、建筑构配件的生产厂、供应商的；（三）设计单位未按照工程建设强制性标准进行设计的；（四）设计单位不按照规定派驻设计代表，设计文件未注明建设工程合理使用年限、允许最大沉降量、抗震设防裂度和防火要求，不按照规定参与验收或者出具的验收文件不真实的。	21%	72%	3%	0%	3%

续表

序号	法律责任	非常合理	比较合理	一般	不太合理	非常不合理
2	建设、勘察、设计、施工、工程监理单位违反国家规定,降低工程质量标准,造成重大安全事故,构成犯罪的,对直接责任人员依法追究刑事责任。	57%	33%	7%	3%	0%
3	建设、勘察、设计、施工、工程监理单位的工作人员因调动工作、退休等原因离开该单位后,被发现在该单位工作期间违反国家和本市有关建设工程质量管理规定,造成重大工程质量事故的,仍应当依法追究法律责任。	50%	43%	3%	0%	3%

（4）施工单位对其所涉及的法律责任合理性评价

序号	法律责任	非常合理	比较合理	一般	不太合理	非常不合理
1	有下列行为的,由建设行政主管部门责令改正,可处以一万元以上五万元以下的罚款: 施工单位未配备相应项目负责人和专业技术人员、管理人员,或者擅自更换项目负责人的。	21%	50%	24%	6%	0%
2	施工单位有下列行为之一的,由建设行政主管部门责令限期改正,并处以工程合同价款百分之二以上百分之四以下的罚款,造成建设工程质量不合格的,负责返工、修理,并赔偿因此造成的损失;情节严重的,责令停业整顿,降低资质等级或者吊销资质证书: （一）未按工程设计图纸或者施工技术标准施工的; （二）使用未经检测或者检测不合格的建筑材料、建筑构配件、设备和商品混凝土的; （三）在施工中偷工减料的。	21%	35%	44%	0%	0%

续表

序号	法律责任	非常合理	比较合理	一般	不太合理	非常不合理
3	施工单位对建设工程质量控制资料记录不真实、不准确、不完整或者与建设工程进度不同步的，由建设行政主管部门责令改正，可处以一万元以上五万元以下的罚款。	15%	40%	36%		
4	建设单位未按照规定组织阶段验收要求施工单位进入下一工序施工的，施工单位未经阶段验收或者验收不合格擅自进入下一工序施工的，由建设行政主管部门责令限期改正，并处以五万元以上十万元以下罚款。	9%	52%	33%	6%	0%
5	施工单位未对涉及结构安全的试块、试件以及有关材料取样检测或者对所送检的试块、试件以及有关材料弄虚作假的，由建设行政主管部门责令限期改正，并处以十万元以上二十万元以下的罚款，情节严重的，责令停业整顿，降低资质等级或者吊销资质证书；造成损失的，依法承担赔偿责任。	15%	41%	38%	3%	3%
6	建设、勘察、设计、施工、工程监理单位违反国家规定，降低工程质量标准，造成重大安全事故，构成犯罪的，对直接责任人员依法追究刑事责任。	15%	44%	32%	9%	0%
7	建设、勘察、设计、施工、工程监理单位的工作人员因调动工作、退休等原因离开该单位后，被发现在该单位工作期间违反国家和本市有关建设工程质量管理规定，造成重大工程质量事故的，仍应当依法追究法律责任。	15%	47%	38%	0%	0%

（5）工程监理单位对其所涉及的法律责任合理性评价

序号	法律责任	非常合理	比较合理	一般	不太合理	非常不合理
1	有下列行为之一的，由建设行政主管部门责令改正，可处以一万元以上五万元以下的罚款： （一）工程监理单位未配备相应监理项目负责人和其他监理人员，或者擅自更换监理项目负责人的； （二）工程监理单位对施工单位违反工程质量技术要求的相关行为未予以制止和报告的。	23%	42%	27%	4%	4%
2	工程监理单位与建设单位或者施工单位串通、弄虚作假降低工程质量，或者将不合格的建设工程、建筑材料、建筑构配件和设备按照合格签字的，由建设行政主管部门责令限期改正，并处以五十万元以上一百万元以下的罚款，降低资质等级或者吊销资质证书；有违法所得的，予以没收；造成损失的，承担连带赔偿责任。	35%	45%	14%	3%	3%
3	建设、勘察、设计、施工、工程监理单位违反国家规定，降低工程质量标准，造成重大安全事故，构成犯罪的，对直接责任人员依法追究刑事责任。	48%	39%	10%	3%	0%
4	建设、勘察、设计、施工、工程监理单位的工作人员因调动工作、退休等原因离开该单位后，被发现在该单位工作期间违反国家和本市有关建设工程质量管理规定，造成重大工程质量事故的，仍应当依法追究法律责任。	48%	39%	10%	0%	3%

第5章
《天津市建设工程质量管理条例》的特色制度评估

《条例》中的特色制度有四个，分别是建设单位首要责任制、建设工程质量保险制度、建设工程竣工验收制度、建筑市场信用信息制度。所谓特色制度，课题组认为，应是《条例》立法过程中"人无我有、人有我优"理念下在内容上所体现的制度创新，是《条例》实施过程中在效果上所体现的制度实效性、可操作性、适应性。基于此，课题组在对《条例》进行立法质量和实施效果评估的过程中得出《条例》的四项特色制度。

5.1 建设单位的首要责任制度

5.1.1 建设单位首要责任制度概述

《条例》第二章第一条（总第七条）规定："建设单位应当执行国家和本市有关建设工程质量安全、招标投标、建筑市场管理等方面的法律、法规、规章和技术标准，严格按照合同约定组织建设，对建设工程的安全性、耐久性、使用功能和节能环保等工程质量负总责。实行代建制的建设工程，代建单位在受委托范围内承担工程质量责任。"本条规定在整部条例中旗帜鲜明地提出了建设单位的首要责任制度。

建设单位是建设工程项目的投资人,是建设工程质量管理的总负责方,应当明确建设单位对工程质量负总责,突出建设单位对建设工程质量的首要责任。该制度的内容可以从以下几个方面分析。

5.1.1.1 法律制度层面

"建设单位应当执行国家和本市有关建设工程质量安全、招标投标、建筑市场管理等方面的法律、法规、规章和技术标准"。这是《条例》在法律制度层面,对建设单位的首要责任做出的规定,若建设单位违反国家和本市的相关法律、法规、规章和技术标准,则首先在法治层面就被否定。之所以将此作为首要责任之一,体现了对依法治国理念的关照,也体现了地方人大对建设法治中国的坚定信念和高度重视。这也应该是各地方立法机关坚持的首要原则。

5.1.1.2 合同制度层面

"严格按照合同约定组织建设,对建设工程的安全性、耐久性、使用功能和节能环保等工程质量负总责"。这是《条例》在合同制度层面,对建设单位的首要责任做出的规定。可以认为,法律制度层面的规定,是建设单位首要责任的前提,没有通过这个前提的检验,就不需要也不可能到达合同层面的责任规定。这条制度设计体现了"意思自治"的原则,在"法无禁止即自由"的精神下,建设单位严格按照合同约定组织建设,并对一系列工程质量负总责。这是在合同制度框架下对建设单位首要责任做出的最直接、最具体、最明确的规定。

5.1.1.3 责任范围界定

根据《条例》的规定,建设单位对建设工程的安全性、耐久性、使用功能和节能环保等工程质量负总责,实行代建制的建设工程,代建单位在受委托范围内承担工程质量责任。建设单位的首要责任,不是单一的责任,也不是某一方面的责任,而是综合的、多方面的总体责任。所以,建设单位的首要责任区别于传统思维认识,其范围是广泛多样的,正是这些广泛多样的责任,构成了建设单位首要责任的制度体系,这是地方人大在立法上的高明和突破之处。这样的规定在很大程度上保证了建设工程的质量,具有潜在的社会意义。

5.1.1.4 补充责任规定

"实行代建制的建设工程,代建单位在受委托范围内承担工程质量责任"。此规定为建设单位责任的补充规定,即对于代建单位,其首要责任限定在受委托的范围内,姑且称其为"委托制度层面"的首要责任。此补充条款,一方面对代建制的建设工程进行了考虑,体现了立法思想的整体性和全面性,另一方面对代建单位的首要责任范围,给出的是较宽泛笼统的规定,应对受委托范围作出某些限制性或明确性的规定。

5.1.2 建设单位首要责任制度的立法质量评估

立法质量是指一部法律、法规或规章等规范性文件在立法的合法性、协调性、合理性、可操作性、规范性、完备性和实效性等方面所表现出来的水平。对"建设单位首要责任制"的立法质量进行评价,主要围绕上述评价标准进行分析和判断。

5.1.2.1 可操作性评价

可操作性是指某项制度是否有针对性地解决行政管理中存在的问题;规定的措施是否高效、便民;规定的程序是否简便、易操作。

根据《条例》第七条的规定,首要责任制度比较明确、细致地规定了建设单位在工程安全性、耐久性、使用功能和节能环保等方面的要求,明晰了建设单位要对工程建设质量安全负首要责任。根据该制度规定,要求建设单位应严格执行工程基本建设程序,严格执行合理的工程建设工期,不得随意压缩调整工期。建设单位要单独列支并及时足额支付安全防护和文明施工的专项经费。根据课题组前期的问卷调查数据、专家访谈反馈的情况以及实地调查的结果,在实际的工程建设中,上述各项措施得到了较好的贯彻和执行,取得了良好的应用效果。该制度的具体规定保证了建设单位对各重要的建设环节责任的承担,也为其他建设工程相关主体责任的落实奠定了基础,使各主体权责分明。

5.1.2.2 规范性评价

规范性是指一部法律、法规或规章的逻辑结构是否严密,表述是否准确和法律概念是否严谨。

（1）逻辑结构评价。《条例》第七条规定了首要责任制，在第二章"工程质量责任"第一条的位置上，可见对于建设单位的首要责任制度是高度重视的。建设单位负总责，将对其他建设工程相关主体起到一定的监督作用，由此看来将它放在该章首条的位置上，逻辑结构是清晰的。建设单位的首要责任与建设工程其他相关主体在其各自的职责范围内应承担的责任相衔接、补充，逻辑结构是合理、严密的。

（2）表述的准确性评价。规范性法律文件的表述必须精准，含义必须单一，避免引起歧义，否则会造成法律适用的混乱，影响实施效果。在这一方面，首要责任制度对责任来源、责任主体、责任范围、补充规定等的表述是清晰的。比如"实行代建制的建设工程，代建单位在受委托范围内承担工程质量责任"中的"代建制"界定清晰。

（3）法律概念的严谨性评价。法律概念的严谨性是规范性法律文件的特殊要求，要求表述概念必须运用规范的法律语言，同时应当保持前后一致。这既是精确表述的要求，也是立法规范化的要求。建设单位首要责任制度的规定使用的法律概念是规范的法律语言，使用的是表述结构相同的法律用语，并且保持前后一致，如"建设单位""代建单位"等。

5.1.2.3 协调性评价

协调性是指衡量一项制度与上位法和同位法的规定是否存在冲突，规定的制度是否相互衔接。

建设单位首要责任制度的规定符合《建筑法》《建设工程质量管理条例》等上位法的相关规定，并与同位法《天津市建筑市场管理条例》《天津市建设工程施工安全管理条例》的规定相协调，同时，与《条例》对其他建设工程相关主体责任的规定相互衔接。《条例》中第七条是针对建设单位首要责任制的规定，第八条是针对勘察单位，第九条是针对设计单位，第十条是针对施工单位，第十一条是针对工程监理单位，第十二条是针对建设工程质量检测单位，第十三条对施工图审查机构的责任进行规定，这些规定对建设工程所有相关主体的责任都进行了详细的划分，不仅仅依靠建设单位的首要责任制，还要求各个单位统一协调共同对建设项目的各个环节负责，各个单位权责分明，协调统一。明确建设单位的首要责任，既有利于抓住责任链条中的主要责任者，避免各主体相互推诿而使责任落空，又有利于分清不同责任人的责任范围，落实各自的责任。

5.1.2.4 合理性评价

合理性是指制度实施过程中，是否能够体现公平、正义原则的要求；各项管理措施是否必要、适当，是否采用对行政相对人权益损害最小的方式实现立法目的；法律责任是否与违法行为的事实、性质、情节及社会危害程度相当。

《条例》在第二章第一条（总第七条）建设单位首要责任制作出了规定，明确了建设单位的职责，不仅如此，《条例》第二章的其他条款则分别对设计单位、勘察单位、施工单位，工程检测单位等相关单位的职责进行了详细的划分，证明不仅仅是对建设单位的职责进行强调，还详细的规定了其他单位的职责，体现了对主体的公平原则。

针对建设单位首要责任制度的行政合理性的进行评价，可以认为建设单位首要责任制度主要是针对建设单位的职责进行了详细的划分和规定，但不可否认的是，落实建设单位在具体实施过程中的首要责任，可操作性有待提高，建设单位负总责可能会使建设单位管理事项过多而造成管理疏忽，从而使建设单位的责任泛化，这一点在对建设单位访谈反馈的情况中有所体现。

5.1.3 建设单位首要责任制度的实施效果评估

自建设单位首要责任制度实施以来，天津市各建设单位以及代建单位都能遵守建设单位首要责任制的相关规定，做到对安全性、耐久性、使用功能和节能环保要求严格审查，对于施工单位、监理单位等相关单位起到了监督的作用。

下表是调查问卷对建设单位相关条款的遵守情况得出的数据：

建设单位遵守对建设工程的安全性、耐久性、使用功能和节能环保等工程质量负总责的程度如何？

选项	频数	有效百分比	累计百分比
非常严格	2	4.0%	4.0%
比较严格	32	64.0%	68.0%
一般	13	26.0%	94.0%
不太严格	2	4.0%	98.0%
非常不严格	1	2.0%	100.0%

从上表可以看出，在调查的 50 份有效问卷中，认为该项规定非常严格的有 2 人，有效百分比 4.0%；认为该规定比较严格的有 32 人，有效百分比 64.0%；认为该规定一般的有 13 人，有效百分比 26.0%；认为该规定不太严格的有 2 人，有效百分比 4.0%；认为该规定非常不严格的仅有 1 人。由此可以看出，建设单位对该项制度的遵守情况还是比较严格的。

针对《条例》第七条第二款规定的"实行代建制的建设工程，代建单位在受委托范围内承担工程质量责任。"对代建单位在受委托范围内对工程质量承担责任的规定，其实施效果，调查问卷得出的数据如下：

代建单位在实行代建的建设工程中，遵守在受委托范围内对工程质量承担责任程度如何？

选项	频数	有效百分比	累计百分比
非常严格	6	12.0%	12.0%
比较严格	26	52.0%	64.0%
一般	17	34.0%	98.0%
不太严格	1	2.0%	100.0%

从上表可以看出，在调查的 50 份有效问卷中，认为该项规定非常严格的有 6 人，有效百分比 12.0%；认为该规定比较严格的有 26 人，有效百分比 52.0%；认为该规定一般的有 17 人，有效百分比 34.0%；认为该规定不太严格的仅有 1 人，有效百分比 2.0%。由此可以看出，代建单位在实行代建的建设工程中，在受委托范围内对工程质量承担的程度还是比较严格的，因此能够规范代建单位的责任，保证工程质量。

根据课题组前期实地调查，以及访谈获得的反馈信息，表明《条例》规定的工程质量责任制得到了落实，责任主体规定明确，特别是对建设单位提出工程质量负总责的，在实施的过程中具体采取了以下措施：一是签订施工质量责任书，开工前建设、施工、工程监理单位签订三方责任书，明确三方施工中承担的责任，每个项目明确相关责任人并建立责任档案；二是落实工程质量终身责任制，要求工程竣工后建设单位在建筑上镶嵌标志牌，牌上载明项目负责人姓名，一旦工程出现质量问题，追究其相应责任；三是实施季度质量安全分析和通报制度，建立指标体系采集数据，每个季度召开全市质量安全工作会议，查找问题，通报检查情况，对违规企业进行通报，现场曝光。

课题组在访谈中了解到，在《条例》实施过程中建设单位应明确自身的职责，阶段验收、地基基础主体等由建设单位组织验收，建设单位作为总投资者，在过程中分阶段进行考核验收，制定具体验收程序办法，成为全国亮点。但是，建设单位反映了一些应当进一步完善的问题，如建设单位作为第一责任人，谁投资谁负责，也应当从法律层面赋予建设单位更多权利，权利与职责应当对等，如招投标阶段政府搭建交易平台，建设单位应当具有更多的决定权，建设单位在选择施工单位、勘察单位、监理单位等问题上也应当具有更多的选择权，并对完成合同过程进行考核。

5.2 建设工程质量保险制度

《条例》中第六条规定："本市鼓励采用先进科学技术和管理方法，全面提高建设工程质量，建造优质工程；鼓励推行建设工程质量保险制度。"关于建设工程质量保险制度，虽然仅在《条例》中规定了这一处，但却是本《条例》的一大亮点。

5.2.1 建设工程质量保险制度概述

5.2.1.1 建设工程质量保险的类别及意义

建设工程质量保险是一种转移在工程建设和使用期间由可能的质量缺陷引起的经济责任的方式，它由能够转移工程技术风险、落实质量责任的一系列保险产品组成，包括建设工程一切险、安装工程一切险、工程质量保证保险和相关职业责任保险等。其中，工程质量保证保险主要为工程竣工后一定期限内出现的主体结构问题和渗漏问题等提供风险保障。建设工程质量保险对于化解工程建设各方技术及财务风险、维护社会稳定、促进建设各方诚实守信都具有重要意义。完善的建设工程质量保险制度，有利于用经济手段切实保护消费者权益，确保最终用户的利益；有利于使法律法规所规定的各方质量责任落到实处；有利于形成优胜劣汰的市场竞争机制，规范市场秩序，发挥市场配置建设资源的基础性作用。

5.2.1.2 建设工程质量保险制度的出台背景

2004年，经过大量的调查研究，建设部起草了《建设工程质量保修保险试行办法》，并于同年在北京、上海、深圳等14个城市试行建设工程质量保险。这些城市也结合当地的具体情况修订了实施工程质量管理制度的实施办法。例如：北京将工程质量保险制度试用在奥运工程的建设上，深圳提出了地方分公司的条款，并在建设保险中介方面取得了进展，提出了创新思想。2006年5月12日，上海市建设交通委和上海建管局联合印发了《关于推进建设工程风险管理制度试点工作的指导意见》，明确解释了建设工程质量保修保险；青岛则在同年上半年推行建设工程质量保险的试点工作；重庆也推出了《关于加快推进建设工程质量保险制度试点工作的指导意见》，由建设单位组织施工单位在施工阶段共同承保的质量保修保险试点。由于建设工程质量保险的风险很大，数据难以统计，无历史经验，所以导致文件下发后，出现了保险公司并不积极配合政府的情况，使得工程质量保险试行比较困难。

《建设工程质量保修保险试行办法》中规定，对以下四种类型的工程质量保修风险进行投保：

（1）由政府部门投资兴建的工程；

（2）有关社会公众使用安全的建设工程项目，像游泳馆、商店、歌剧院；

（3）市政基础设施和公用事业工程；

（4）商品住宅工程。

《中华人民共和国建筑法》和《建设工程质量管理条例》并未对建设工程质量保险作出明确的规定，2005年1月12日建设部、财政部建质[2005]7号发布了《建设工程质量保证金管理暂行办法》用于规范落实工程在缺陷责任期内的维修、保养责任。2005年8月，建设部和保监会联合发布的《关于推进建设工程质量保险工作的意见》提出了建设工程质量保险制度的基本框架。

在我国，建设工程质量保险刚刚开始起步，跟其他保险比起来还比较新，相对来说存在着法律不健全，以及各投保人保险意识薄弱、风险管理意识较差等许多问题，在对于这种保险的运行机制和费率取定上没有明确规定的前提下，还需要进行大量的研究和试验工作。

5.2.2 建设工程质量保险相关条款的立法质量

由于《条例》仅在第六条中规定了"鼓励推行建设工程质量保险制度",其他条款再未涉及此项制度,因此对该制度的立法质量评估就只针对此处的规定进行。课题组经过调研走访和调查问卷分析后,对于该项制度从立法质量角度的评价主要有以下两点。

(1) 在立法技术上是合理的

鉴于当前建设工程质量保险制度的现状和推行难度,《条例》采用宣言性的规定是合理的。采用"鼓励推行"在总则部分进行规定,而没有采用义务性同时辅以责任的规定,与天津市经济社会发展水平是相适应的。这种规定方式与上位法和同位法并不产生冲突。

(2) 缺乏配套制度的规定

《条例》中没有对如何"鼓励推行"作出明确规定,天津市也未制定更多的实施细则。因此这种没有配套制度的规定,只能起到宣示性作用。

5.2.3 建设工程质量保险相关条款的实施效果

课题组通过问卷对建设工程质量各方主体的167名受访者进行了适用程度调查。问题是:"《条例》规定的"鼓励推行建设工程质量保险制度",在建设工程的整个过程中适用情况如何?"166人返回了有效问卷。结果显示:有11人认为适用性非常高,有效百分比6.6%;有79人认为比较高,有效百分比47.3%;有51人认为一般,有效百分比30.5%;认为比较低的有17人,有效百分比10.2%;认为非常低的有9人,有效百分比5.4%。可见有53.9%的受访者认为该项制度在实践中适用程度比较高。

《条例》规定的"鼓励推行建设工程质量保险制度",在建设工程的整个过程中适用情况如何?

选项	频数	有效百分比	累计百分比
非常高	11	6.6	6.6
比较高	79	47.3	53.9
一般	51	30.5	84.4
比较低	17	10.2	94.6
非常低	9	5.4	100.0

课题组通过进一步的专家座谈、资料收集和现场调研等研究活动发现，由于缺乏具体的鼓励措施和政策倾斜，多数单位推行该项制度态度并不积极，加之没有配套制度等问题，该项制度的实施效果一般。

5.3 建设工程竣工验收制度

5.3.1 建设工程竣工验收制度概述

建设工程竣工验收是指建设工程依照国家有关法律、法规及工程建设规范、标准的规定完成工程设计文件要求和合同约定的各项内容，建设单位已取得政府有关主管部门（或其委托机构）出具的工程施工质量、消防、规划、环保、城建等验收文件或准许使用文件后，组织工程竣工验收并编制完成《建设工程竣工验收报告》。建设工程项目的竣工验收是施工全过程的最后一道程序，也是工程项目管理的最后一项工作。它是建设投资成果转入生产或使用的标志，也是全面考核投资效益、检验设计和施工质量的重要环节。

5.3.2 建设工程竣工验收制度的法律背景

国务院《建设工程质量管理条例》颁布实施后，政府对建设工程质量的监督管理方式发生了根本性的转变，由原来的监督机构直接核定转变为建设单位组织验收；验收合格后建设单位向政府进行竣工验收备案。竣工验收的责任主体、内容、方式也与《建设工程质量管理条例》颁布实施前发生了明显变化。

2013年12月2日，住房城乡建设部印发《房屋建筑和市政基础设施工程竣工验收规定》（建质〔2013〕171号），该规定第十四条决定废止《房屋建设工程和市政基础设施工程竣工验收暂行规定》（建发〔2000〕142号）。其中第五条和第六条分别对建设工程竣工验收的条件和程序做了详细规定。

5.3.3 建设工程竣工验收制度的立法内容

《天津市建设工程质量管理条例》中关于竣工验收的相关规定集中在以下几点：

一是规定了阶段验收、分步验收、竣工验收三种具体的验收制度的形式和内容。

阶段验收的规定，如《条例》第十四条第一款"建设工程应当进行分阶段验收"；第二款"在建设工程的地基、基础、主体结构和建筑节能工程不同阶段完工后，施工单位应当通知建设单位进行阶段验收；建设单位接到通知后应当及时组织验收。"第十六条"设计单位应当参加建设工程的地基、基础、主体结构和建筑节能工程等分阶段验收……"。分步验收的规定，如《条例》第十四条第二款"未经阶段验收或者阶段验收不合格的，施工单位不得进入下一阶段施工，建设单位不得组织竣工验收"；第十八条"工程监理单位或者建设单位应当及时验收，验收合格后方可进入下一工序施工。对未经验收或者验收不合格，施工单位进入下一工序施工的，工程监理单位或者建设单位应当予以制止……"。竣工验收的规定，如第十五条第二款"勘察单位应当参加建设工程竣工验收，签署竣工验收意见"；第十六条第一款"设计单位应当参加……分阶段验收和竣工验收，施工结果符合设计要求的，出具分阶段检查验收文件，签署竣工验收意见"。

以上规定内容，除体现了阶段验收、分步验收、竣工验收三种验收制度具体形式，也明确了各种验收形式的重点内容，同时体现了验收程序的严格。

二是对住宅工程实行分户验收，严格房地产开发企业质量责任。在明确各方验收具体环节的同时，《条例》第二十条第二款规定对住宅工程，应当先组织分户验收，合格后再进行竣工验收。

课题组通过问卷对建设工程质量责任各方主体的 167 名受访者进行了分户验收可行性调查。问题是：《条例》中"对住宅工程，应当先组织分户验收，合格后再进行竣工验收"的规定，在执行过程中可行性如何？"。165 名受访者返回了有效问卷。结果显示：有 29 人认为非常可行，有效百分比 17.6%；有 74 人认为比较可行，有效百分比 44.8%；有 44 人认为可行性一般，有效百分比 26.7%；有 15 人认为不太可行，有效百分比 9.1%；有 3 人认为不可行，有效百分比 1.8%。可见有 62.4% 的受访者认为在住宅工程中实施分户验收，是比较可行的。

《条例》中"对住宅工程，应当先组织分户验收，合格后再进行竣工验收"的规定，在执行过程中可行性如何？

选项	频数	有效百分比	累计百分比
非常可行	29	17.6	17.6
比较可行	74	44.8	62.4
一般	44	26.7	89.1
不太可行	15	9.1	98.2
不可行	3	1.8	100.0

5.3.4 建设工程竣工验收制度的实施效果

通过调查问卷、专家座谈、资料收集和现场调研等一系列调查研究后，对《条例》中的建设工程竣工验收制度的实施效果可以做如下评价：

《条例》对阶段验收、分步验收、竣工验收的明确规定，对工程质量管理起了积极作用。2013年天津市竣工验收面积超过3000万平方米，竣工验收合格率100%，工程质量抽查合格率90%以上。天津市落实验收制度的措施主要有：一是实行阶段验收告知制度，建设单位阶段验收前，将验收日期告知监督机构，机构对建设单位组织的验收程序和内容现场监督；二是严格执行住房工程质量分户验收，组织建设单位逐户验收，包括室内空间尺寸、门窗、尺寸、采暖期、给排水系统等七个方面，确保每套住宅达到合格标准；三是制定工程阶段验收管理办法，细化各阶段验收组织程序内容方法，进一步压实建设单位责任。目前一些建设单位施行第三方验收制度，阶段验收和竣工验收时邀请检测公司、专家对工程资料、结构进行检查，达到良好效果。

《条例》第十四条规定："在建设工程的地基、基础、主体结构和建筑节能工程等不同阶段完工后，施工单位应当通知建设单位进行阶段验收；建设单位接到通知后应当及时组织验收，并告知建设工程质量监督机构。未经阶段验收或者阶段验收不合格的，施工单位不得进入下一阶段施工，建设单位不得组织竣工验收。"《条例》在加强工程质量过程控制上，"明确阶段验收和竣工验收"的程序，建设工程各方必须遵守这些程序。

课题组通过问卷对建设工程质量责任各方主体的167名受访者进行了验收程序遵守程度调查。问题是："《条例》在加强工程质量过程控制上，"明确阶段验收和竣工验收"的程序，建设工程各方遵守这些程序程度如何？"167

名受访者全部返回了有效问卷。结果显示：有 27 人认为建设工程各方遵守验收程序的程度非常严格，有效百分比 16.2%；有 87 人认为比较严格，有效百分比 52.1%；有 39 人认为遵守程度一般，有效百分比 23.4%；有 11 人认为不太严格，有效百分比 6.6%；有 3 人认为非常不严格，有效百分比 1.8%。可见有 68.3% 的受访者认为建设工程各方主体比较严格的遵守了验收程序。

《条例》在加强工程质量过程控制上，"明确阶段验收和竣工验收"的程序，建设工程各方遵守这些程序程度如何？

选项	频数	有效百分比	累计百分比
非常严格	27	16.2%	16.2%
比较严格	87	52.1%	68.3%
一般	39	23.4%	91.6%
不太严格	11	6.6%	98.2%
非常不严格	3	1.8%	100.0%

调研中，也暴露出工程竣工验收制度中存在的一些问题。如应进一步规范竣工验收备案程序，严格按照《条例》规定对竣工验收材料进行精简，减轻企业负担；严格执行公示制度，对验收齐备的工程公示，15 天内没有发现违规行为的才颁发备案书，并将信息录入相关监管平台；针对《条例》第二十一条中规定的建设单位竣工验收备案手续，实践中很多工程由于相关部门认可的文件不能及时获取，导致备案时间超过 15 天，工业项目验收需要设备安装调试或阶段调试，调试合格后才能出具环保等文件，故备案滞后问题突出；是否应对验收人员、流程细化；规定具体验收期限，但此期限合同未约定，出现已使用未验收的情况，故无法结算，影响工程款的问题。

除此之外，在与工程监理单位和建设单位的企业代表进行座谈时，针对"工程竣工验收制度"他们提出了如下意见：建设单位认为，这项规定要求很好，特别是"分户验收和阶段验收"能够保证住宅工程质量，相关企业也制定了该项规定的相关导则；工程监理单位认为，监理单位是通过综合控制，使工程质量的总体水平得到提高，具体从事前、事中、事后控制三方面做。事前控制为原材料检验、见证取样、不合格成品半成品材料不允许使用、对工程施工方案和设计的审核等。事中控制包括对施工中关键部位、特殊工序控制，隐蔽工程检验和验收等方面。

5.4 建筑市场信用信息制度

5.4.1 建筑市场信用信息制度概述

《条例》第四十六条规定："建设、勘察、设计、施工、工程监理单位及其注册执业人员依法受到行政处罚的，可以将其违法行为和处理结果记入建筑市场信用信息系统。"这一规定是《天津市建筑市场管理条例》规定的建筑市场信用信息制度的配套措施之一。

《天津市建筑市场管理条例》第五条和第五十七条规定了建筑市场信用信息制度。其第五条规定："本市建立健全建筑市场信用体系，归集、评价、发布建筑活动当事人信用信息，向社会提供信用信息查询，实行守信激励、失信惩戒制度"。

其第五十七条规定："建筑活动当事人依法受到行政处罚的，可以将其违法行为和处理结果计入建筑市场信用信息系统。"

5.4.2 建筑市场信用信息制度的立法质量评估

5.4.2.1 协调性评价

5.4.2.1.1 与上位法的协调性

党的十八大报告强调"加强政务诚信、商务诚信、社会诚信和司法公信建设"；党的十八届三中全会《决定》中明确提出："建立健全社会征信体系，褒扬诚信，惩戒失信"，这些重要精神是我国治理信用缺失，加强社会信用体系建设的重要指南。在《建筑法》《招标投标法》《建设工程勘察设计管理条例》《建设工程质量管理条例》《建设工程安全生产管理条例》等有关法律法规或直接或间接地规定建筑各方主体要遵守信用，体现信用信息制度的重要性。而《条例》关于建立健全建筑市场信用信息制度的规定，无论从立法价值取向还是从条文的具体规定看，均与上位法保持一致，不存在冲突。

建设部于2007年1月12日印发《建筑市场诚信行为信息管理办法》（建

市[2007]9号），要求各地建设行政主管部门在健全建筑市场综合监管信息系统的基础上，建立向社会开放的建筑市场诚信信息平台，做好诚信信息的发布工作。同时，各省、自治区、直辖市和计划单列市建设行政主管部门可结合本地区实际情况，依据地方性法规加以补充，制定具体实施细则，使得建筑市场信用信息制度的实施得到保证。

因此将相关责任主体的工程质量违法信息记入建筑市场信用信息系统是符合上位法规定的。

5.4.2.1.2 与同位法的协调性

该制度是《天津市建筑市场管理条例》的配套措施之一。除了《天津市建筑市场管理条例》创建建筑市场信用信息系统以外，为进一步规范建筑市场秩序，天津市建设行政主管部门在建筑领域先后出台了《天津市建筑市场信用信息管理办法》《天津市建筑市场各方主体信用信息归集标准》《天津市建筑施工企业信用评价试行办法》和《天津市建筑业施工企业信用评价指标体系和评分标准》等规范性文件，正式建立天津市建筑市场信用信息制度。可见《条例》的此项规定与同位法是一致的，并且有一系列配套制度作为保障。

5.4.2.2 合理性评价

合理性是指一项法律、法规或规章在实施过程中，是否能够体现公平、正义原则的要求；各项管理措施是否必要、适当，是否采用对行政相对人权益损害最小的方式实现立法目的；法律责任是否与违法行为的事实、性质、情节及社会危害程度相当。

（1）关于建设领域企业信用制度能否体现公平、正义原则要求的评估。建设领域企业信用制度适用主体的规定是公平、正义的。《条例》在第五章第四十六条规定，建设、勘察、设计、施工、工程监理单位及其注册执业人员依法受到行政处罚的，可以将其违法行为和处理结果记入建筑市场信用信息系统。制度对违法行为记入建筑市场信用信息系统，不仅仅是针对建设单位这个首要的责任主体，而是对其他主体（例如：勘察、设计、施工、工程监理等）单位一样进行了同等的责任处罚。

（2）建设领域企业信用制度规定的行政合理性的评价。行政合理性是指在保证有效管理的前提下，法律只设立必要和适当的行政管理措施，且应当用对行政相对人权益损害最小的方式实现立法目的。建设领域企业信用制度对于建设单位、设计单位、勘察单位等单位在违反了法律之后所应承担的法律责任进行了详细的规定，记入信用信息系统。这样做有助于对行政主体进行约束，也有助于《条例》中法律责任制度的实施。

5.4.2.3　可操作性评价

可操作性是指一部法律、法规或规章所规定的制度是否有针对性地解决行政管理中存在的问题；规定的措施是否高效、便民；规定的程序是否简便、易操作。

《条例》第四十六条规定："建设、勘察、设计、施工、工程监理单位及其注册执业人员依法受到行政处罚的，可以将其违法行为和处理结果记入建筑市场信用信息系统。"该条对记入的责任主体和计入的事项做了明确规定，具有一定的可操作性。但是该条对计入的时间、计入的主体、对外公开的范围和时间、公开的对象、异议申诉程序、删除信息的条件和程序等问题都没有明确的规定，为实践中的具体操作留有太多不规范的空间。

5.4.2.4　规范性评价

规范性是指一部法律、法规或规章的逻辑结构是否严密，表述是否准确和法律概念是否严谨。

（1）逻辑结构评价。该项制度在《条例》中位于第五章法律责任第四十六条，从逻辑结构的角度分析，这条制度是建立在对各主体的责任进行详细规定后才出现的，在先后顺序上符合逻辑结构。

（2）表述的准确性评价。规范性法律文件的表述必须精准，含义必须单一，以避免引起歧义，否则会造成法律适用的混乱，影响实施效果。《条例》规定很明确，即主体在违反法律后要将违法记录记入到建筑市场信用信息系统这一点是毋庸置疑的。但是该条对计入的时间、计入的主体、对外公开的范围和时间、公开的对象、异议申诉程序、删除信息的条件和程序等问题都没有明确的规定，在表达上的准确性还有待提高。

（3）法律概念的严谨性评价。概念的严谨性是法律文件的特殊要求，要求表述概念必须运用"法言法语"。这既是精确表述的要求，也是立法规范化的要求。法律概念的规范性、严谨性还要求法律用语的前后一致性。不仅要求对同一主体或管理事项，在同一部法律文件中应当使用相同的法律概念，还要求对同一类型的主体或管理事项，在同一部法律文件中应使用表述结构相同的法律概念。该条涉及的主体名称和建筑市场信用信息系统名称与《条例》其他规定，以及同位法和上位法都具有一致性。

5.4.3 建筑市场信用信息制度的实施效果

建筑市场信用信息制度的实施效果可以从两个方面体现：一是制度履行产生的数据本身，二是各类主体对该制度的评价。

5.4.3.1 建筑市场信用信息系统的实际运行情况

课题组通过对天津市建筑市场信用信息平台的实地调研，获得相关数据如下：信用信息平台开发了六个功能模块，包括：企业及人员信息查询模块，良好信息查询模块，不良行为处罚记录模块，在建项目档案管理模块，各类现场行为检查模块，信用评价、等级评定模块；建立三大数据库，包括企业数据库、注册人员数据库和项目数据库。截止到2014年3月，平台已归集和发布各类信用信息10万余条，直接应用于工程招投标中；已有1600余家本市及外地施工企业参与信用信息评价；以施工企业信用评价数据为基础，将企业信用等级分为A、B、C、D四个等级，信用等级作为资信标的组成部分，在施工企业的招投标评分中占有一定的权重。在当前建筑市场第三方征信主体培育尚未成熟的情况下，为保证信用信息收集的及时有效、信用评价的权威性和公信力，并考虑当前政府主导信用信息收集、发布工作的延续性，暂时将信用管理的主导权留在政府手中。从天津市建筑市场信用信息平台的运行数据分析，课题组认为，建筑市场信用信息已经影响到了各方主体在建筑市场中的各项活动，不良信用信息的消极作用在建筑市场的活动中表现得越来越明显。

从天津市人大法工委组织的几次访谈结果来看，关于建筑市场信用信息制度一直是各方主体谈论的重点。各方主体对建筑市场信用信息平台的作用还是持认可态度的，认为平台基本能实现信用信息制度设立的目的，有利于加强建设工程质量管理，尤其是不良信用信息影响企业信用等级以致影响企业招投标，对企业的惩戒作用越来越明显。

5.4.3.2 相关责任主体的主观评价

课题组针对 167 名责任主体的受访者发放了问卷,问题是:"创新建立企业信用体系,将建设工程各方主体违法行为和处理结果记入建筑市场信用信息系统,对失信企业的惩戒作用有多大?"有 166 名受访者返回了有效问卷。结果显示:有 23 人认为非常大,有效百分比 13.9%;有 78 人认为比较大,有效百分比 47%;有 48 人认为作用一般,有效百分比 28.9%;有 12 人认为比较小,有效百分比 7.2%;有 5 人认为非常小,有效百分比 3%。可见有 60.8% 的责任主体认为建筑企业信用评价制度起到了比较大的惩戒作用。

创新建立企业信用体系,将建设工程各方主体违法行为和处理结果记入建筑市场信用信息系统,对失信企业的惩戒作用有多大?

选项	频数	有效百分比	累计百分比
非常大	23	13.9	13.9
比较大	78	47.0	60.8
一般	48	28.9	89.8
比较小	12	7.2	97.0
非常小	5	3.0	100.0

综上,通过对实地调研、访谈和问卷调查获得数据的分析,课题组认为,《条例》关于建筑市场信用信息制度的立法目的和实施效果之间存在较高的契合度,说明该制度的建立和实施符合天津市提高建设工程质量的客观需求。

第6章 结论

6.1 《条例》立法质量总体评价

6.1.1 《条例》立法形式总体评价

课题组认为,《条例》的立法主体合法,且符合其立法权限范围。立法程序相当规范,做到了民主、公开和平等。《条例》制定具有一定的公众参与度。立法体例安排合理,结构清晰、完整。立法目标清晰,对建设工程质量责任各方主体的针对性非常强,立法目标容易实现。《条例》与天津市经济与社会发展水平相一致。

6.1.2 《条例》立法内容总体评价

课题组认为,《条例》准确反映了建设工程质量管理过程中的基本规律,厘清了建设工程质量责任各方主体的责任范围,完整构建了相关主体的权利、义务、责任体系,程序性规定与实体规定相结合,各项制度合法合理,协调一致,相互周延。为加强建设工程质量管理,保证建设工程质量,保护人民生命和财产安全提供了制度基础。

《条例》第十条、第十一条、第十三条、第三十六条、第四十条、第四十二条等条款中的"擅自"应进一步明确。

6.2 《条例》实施效果总体评价

6.2.1 《条例》执法效果总体评价

执法评估是本《条例》实施效果评估的重点内容。课题组针对《条例》在执法过程中的实施效果分别得出四点结论：

第一，在执法的积极性方面，行政机关及具体执法人员对《条例》的了解、认可度较高，具备较强的执法积极性。与之相对，源于司法权自身的特征以及司法审判习惯，人民法院在审理相关案件中援引、解释《条例》的积极性相对较低。

第二，在执法的正当性方面，课题组认为，《条例》在执法目的、执法主体、执法程序、执法过程中具有正当性。裁量权较为规范，但存在着改进与完善的空间。

第三，在执法的可行性方面，课题组认为，当前影响《条例》实施效果的主要因素是行政执法人员配置不足。《条例》的配套实施机制较完善；实施的内、外监督机制基本建立。

第四，在执法的实现性方面，课题组认为，《条例》通过加强建设工程质量管理，提高了天津市整体建设工程质量水平，保障了国家、集体和人民的生命和财产安全。《条例》整体上与立法目标、社会需求的契合度和满意度较高。在建设行政主管机关对建设工程质量违法行为的处罚中，《条例》具有一定的适用性。

6.2.2 《条例》守法效果总体评价

课题组认为，《条例》实施以来，建设工程质量责任各方主体普遍能够依据《条例》规范和约束自身的从业行为。各方主体对《条例》的了解和认可度较高。各方主体普遍认可了《条例》与上位法、同位法、经济社会发展水平的协调一致性。各方主体也普遍认为《条例》基本实现了其立法目的。各方主体普遍认为《条例》的法律责任设置合理，对各方主体有一定的约束力，但处罚力度中等偏低。

附 件

附件一 天津市建设工程质量管理条例

天津市建设工程质量管理条例

（2011年7月6日天津市第十五届人民代表大会常务委员会第二十五次会议通过）

天津市人民代表大会常务委员会公告

第二十九号

《天津市建设工程质量管理条例》已由天津市第十五届人民代表大会常务委员会第二十五次会议于2011年7月6日通过，现予公布，自2011年9月1日起施行。

天津市人民代表大会常务委员会

2011年7月6日

第一章 总则

第一条 为了加强建设工程质量管理，保证建设工程质量，保护人民生命和财产安全，根据《中华人民共和国建筑法》、国务院《建设工程质量管理条例》和有关法律、法规的规定，结合本市实际情况，制定本条例。

第二条 在本市行政区域内从事建设工程的新建、改建、扩建等有关活动，以及对建设工程质量实施监督管理，应当遵守本条例。

第三条 市建设行政主管部门负责全市建设工程质量的监督管理工作，可以委托市建设工程质量监督机构具体组织实施。

市政公路、交通港口管理部门配合建设行政主管部门做好相关工作。

区、县建设行政主管部门按照职责分工负责本行政区域内建设工程质量的监督管理，并可以委托区、县建设工程质量监督机构具体组织实施。

水行政管理部门按照职责分工负责水利专业建设工程质量的监督管理。

第四条 建设工程的建设、勘察、设计、施工和工程监理单位，应当严格履行质量义务，依法承担质量责任。

第五条 建设工程质量应当在安全性、耐久性、使用功能和节能环保等方面，符合国家和本市的相关标准和要求。

第六条 本市鼓励采用先进科学技术和管理方法，全面提高建设工程质量，建造优质工程；鼓励推行建设工程质量保险制度。

第二章 工程质量责任

第七条 建设单位应当执行国家和本市有关建设工程质量安全、招标投标、建筑市场管理等方面的法律、法规、规章和技术标准，严格按照合同约定组织建设，对建设工程的安全性、耐久性、使用功能和节能环保等工程质量负总责。

实行代建制的建设工程，代建单位在受委托范围内承担工程质量责任。

第八条 勘察单位应当依照法律、法规、规章、工程建设标准及合同约定进行勘察，出具勘察文件，对其勘察质量负责。

勘察文件的编制应当符合国家和本市相关规定，内容应当真实全面，数据可靠，评价准确。

勘察文件应当由参加勘察的具有执业资格的人员签字，并对勘察文件的真实性、准确性承担责任。

第九条　设计单位应当依照法律、法规、规章、工程建设标准、勘察文件及合同约定进行设计，出具设计文件，对其设计质量负责，不得指定建筑材料、建筑构配件的生产厂、供应商。

设计文件的编制应当符合国家和本市相关规定，设计文件应当注明建设工程合理使用年限、允许最大沉降量、抗震设防裂度和防火要求。

设计文件应当由参加设计的具有执业资格的人员签字，并对设计文件的科学性、安全性、可靠性承担责任。

对超限高层和超大跨度建筑、超深基坑以及采用新技术、新结构的工程，设计单位应当在设计文件中明确工程质量保障措施，并向施工现场派驻设计代表，处理与设计有关的技术问题。上述工程的范围由市建设行政主管部门公布。

第十条　施工单位应当依照法律、法规、规章、工程建设标准、设计文件及合同约定组织施工，对所承建的建设工程施工质量负责，并承担保修期内的工程质量保修责任。

施工单位应当根据工程规模和技术要求及合同约定配备相应的项目负责人和专业技术人员、管理人员；项目负责人应当具有相应的建造师资格，并且不得擅自更换。

施工单位不得转包和违法分包所承包的建设工程，施工过程中不得偷工减料或者擅自修改工程设计，不得使用未经检测或者检测不合格的建筑材料、建筑构配件、设备和商品混凝土。

施工单位发现设计文件和图纸有差错的，应当及时向建设单位提出；建设单位应当要求设计单位核对或者修改。

本条所指施工单位包括施工总承包单位、专业承包单位、劳务分包单位。

第十一条　工程监理单位应当依照法律、法规、规章、技术标准、设计文件及合同约定，对施工质量实施监理，并对施工质量承担监理责任。工程监理单位不得与建设单位或者施工单位恶意串通、弄虚作假降低工程质量。

工程监理单位应当根据合同约定配备具有相应资格的监理项目负责人和其他监理人员进驻施工现场；监理项目负责人应当具有监理工程师资格，并且不得擅自更换。

监理人员对设计文件和施工方案的执行、建筑材料核验和工序验收等实施监理，不得将不合格的建设工程、建筑材料、建筑构配件和设备按照合格签字。

第十二条　建设工程质量检测单位应当在其资质范围内按照技术规范和标准进行检测，对出具的检测报告负责，不得伪造检测数据、出具虚假检测报告或者鉴定结论。

建设工程质量检测单位出具的检测报告或者鉴定结论应当由进行检测的专业技术人员、检测机构法定代表人或者其授权人签字。

建设工程质量检测单位应当建立检测结果台账，出现检测结果不合格的项目应当如实记入不合格项目台账，并及时书面通知委托单位和建设工程质量监督机构。

第十三条　施工图审查机构应当按照国家和本市有关规定对施工图设计文件进行审查，承担审查责任。施工图审查机构应当在规定期限内完成审查，不得出具虚假审查合格书。

施工图审查机构发现勘察成果文件、施工图设计文件违反法律、法规和工程设计技术标准的，应当退回建设单位并书面说明原因。勘察成果文件、施工图设计文件经修改后，由原审查单位重新审查。经审查合格后，由进行审查的具有执业资格的人员签字，并对其科学性、安全性、可靠性承担责任。

任何单位和个人不得擅自修改经审查合格的施工图设计文件。

第三章　工程验收和质量保修

第十四条　建设工程应当进行分阶段验收。

在建设工程的地基、基础、主体结构和建筑节能工程等不同阶段完工后，施工单位应当通知建设单位进行阶段验收；建设单位接到通知后应当及时组织验收，并告知建设工程质量监督机构。未经阶段验收或者阶段验收不合格的，施工单位不得进入下一阶段施工，建设单位不得组织竣工验收。

第十五条　勘察单位应当参加建设工程的地基验收，经检查工程地基土与勘察报告一致的，出具检查验收文件；不一致的，应当修改和补充勘察文件，并及时通报建设单位和设计单位。

勘察单位应当参加建设工程竣工验收，签署竣工验收意见。

第十六条　设计单位应当参加建设工程的地基、基础、主体结构和建筑节能工程等分阶段验收和竣工验收，施工结果符合设计要求的，出具分阶段检查验收文件，签署竣工验收意见。

设计文件的主要设计人员应当参加验收活动。

第十七条　施工单位的建设工程质量控制资料应当与建设工程进度同步记录，并保证真实、准确和完整。

第十八条　施工单位应当对建设工程的隐蔽工程和每一检验批及时进行检查，合格后通知工程监理单位或者建设单位进行验收。工程监理单位或者建设单位应当及时验收，验收合格后方可进入下一工序施工。

对未经验收或者验收不合格，施工单位进入下一工序施工的，工程监理单位或者建设单位应当予以制止；制止无效的，工程监理单位或者建设单位应当及时向建设工程质量监督机构报告。

对未经验收或者验收不合格，建设单位要求施工单位进入下一工序施工的，施工单位、工程监理单位应当及时向建设工程质量监督机构报告。

建设工程质量监督机构接到报告后，应当及时进行查处。

第十九条　国家和本市规定应当进行见证取样的试块、试件以及有关建筑材料，施工单位应当在建设单位或者工程监理人员见证下现场取样封存，并由具有相应资质的建设工程质量检测单位进行检测。

对未在建设单位或者工程监理人员见证下取样的试块、试件以及有关建筑材料，建设工程质量检测单位不得出具见证取样检测报告。

第二十条　建设单位收到施工单位的竣工报告后，应当组织建设工程竣工验收。建设单位可以邀请有关专家参加竣工验收。

对住宅工程，应当先组织分户验收，合格后再进行竣工验收。

第二十一条　建设单位应当自建设工程竣工验收合格之日起十五日内，持下列文件向建设行政主管部门办理建设工程竣工验收备案：

（一）竣工验收备案表；

（二）竣工验收报告；

（三）法律、行政法规规定应当由规划、环保等部门出具的认可文件或者准许使用文件；

（四）法律规定应当由公安消防部门出具的对大型的人员密集场所和其他

特殊建设工程验收合格的证明文件；

（五）施工单位签署的工程质量保修书；

（六）法律、法规和规章规定的其他文件。

住宅工程还应当提交住宅质量保证书和住宅使用说明书。

第二十二条　建设行政主管部门在收到竣工验收备案文件、验证文件齐全后，应当在工程竣工验收备案表上签收。建设行政主管部门发现建设单位在竣工验收过程中有违反国家有关建设工程质量管理规定行为的，应当在收讫竣工验收备案文件之日起十五日内责令建设单位停止使用、重新组织竣工验收。

第二十三条　建设工程竣工验收后，建设单位应当按照市建设行政主管部门的统一规定，在工程明显位置镶嵌标志牌，标明建设、勘察、设计、施工、工程监理单位名称等内容。

第二十四条　建设工程实行质量保修制度。建设工程的最低保修期限按照国家规定执行，外墙保温、门窗和地下室外围防水工程最低保修期为五年。

第二十五条　施工单位对建设工程的保修期，自建设工程竣工验收合格之日起计算。

房地产开发企业对其销售的商品房保修期，自交付购房人之日起计算，并在商品房买卖合同中载明。

第二十六条　建设工程在保修期限内出现质量缺陷，建设单位应当向施工单位发出保修通知。施工单位接到保修通知后，应当到现场核查情况，及时予以保修。

商品房在保修期限内出现质量缺陷，购房人有权要求房地产开发企业履行保修义务，房地产开发企业应当及时予以保修。

第二十七条　建设工程发生影响结构安全的质量缺陷，建设单位或者房屋建筑所有人、使用人应当立即向所在区、县建设行政主管部门报告，保修责任单位应当立即到达现场采取安全防范措施；由原设计单位或者具有相应资质的设计单位提出维修方案，施工单位实施维修，建设工程质量监督机构负责监督。

第二十八条　建设工程保修后，由建设单位或者房屋建筑所有人组织验收。涉及结构安全的，应当将验收报告报区、县建设行政主管部门备案。

第二十九条　建设工程在保修期内出现质量缺陷，施工单位拒不履行保修义务的，建设单位可以委托其他施工单位维修，维修费用由原施工单位承担。

第三十条　在建设工程保修期内，因质量缺陷造成人身伤害、财产损失的，受害人可以向建设单位提出赔偿要求。建设单位承担赔偿责任后，有权向造成质量缺陷的责任方追偿。

第四章　监督管理

第三十一条　建设工程质量监督机构应当履行下列监督管理职责：

（一）监督建设、勘察、设计、施工、工程监理等工程建设主体的质量行为；

（二）检查工程项目法定建设程序、企业及其有关人员的资质或者资格，抽查有关质量文件和技术资料，检查质量保证体系和质量责任制落实情况；

（三）抽查建设工程的地基、基础、主体结构、建筑节能工程和其他涉及结构安全重要部位的质量，抽查用于工程建设的主要建筑材料、建筑构配件和设备的质量；

（四）组织或者参与工程质量事故的调查处理，依法查处对有关工程质量的举报；

（五）法律、法规和规章规定建设工程质量监督管理的其他职责。

第三十二条　建设工程质量监督机构履行监督检查职责时，有权采取下列措施：

（一）要求被检查单位提供有关工程质量的文件和资料；

（二）进入施工现场进行质量检查；

（三）发现存在工程质量隐患时，责令被检查单位就该质量隐患进行整改，其中涉及结构安全隐患的，责令停工整改；

（四）查封、扣押施工现场存在质量问题的建筑材料、建筑构配件和设备；

（五）法律、法规规定建设工程质量监督检查的其他措施。

第三十三条　市建设行政主管部门根据本市建设工程质量管理需要，可以组织编制高于国家标准的地方工程建设标准和技术规范，以及推广、限制和禁止使用的技术、工艺、材料和设备目录，并向社会公布。

第三十四条　建设行政主管部门查处建设工程质量违法行为时，发现应当由其他管理部门予以处理的违法行为，应当在三个工作日内移送有关管理部门处理。有关管理部门应当将处理情况及时予以反馈。

第五章　法律责任

第三十五条　违反本条例第八条、第九条、第十五条、第十六条规定，有下列行为之一的，由建设行政主管部门责令限期改正，并处以十万元以上三十万元以下的罚款；造成工程质量事故的，责令停业整顿，降低资质等级；情节严重的，吊销资质证书；造成损失的，依法承担赔偿责任：

（一）勘察单位未按照工程建设强制性标准进行勘察的，不按照规定参与验收或者出具的验收文件不真实的；

（二）设计单位未根据勘察文件进行工程设计的；

（三）设计单位指定建筑材料、建筑构配件的生产厂、供应商的；

（四）设计单位未按照工程建设强制性标准进行设计的；

（五）设计单位不按照规定派驻设计代表，设计文件未注明建设工程合理使用年限、允许最大沉降量、抗震设防裂度和防火要求，不按照规定参与验收或者出具的验收文件不真实的。

第三十六条　违反本条例第十条第二款、第十一条第二款、第十八条第二款规定有下列行为之一的，由建设行政主管部门责令改正，可处以一万元以上五万元以下的罚款：

（一）施工单位未配备相应项目负责人和专业技术人员、管理人员，或者擅自更换项目负责人的；

（二）工程监理单位未配备相应监理项目负责人和其他监理人员，或者擅自更换监理项目负责人的；

（三）工程监理单位对施工单位违反工程质量技术要求的相关行为未予以制止和报告的。

第三十七条　违反本条例第十条第一款、第三款规定，施工单位有下列行为之一的，由建设行政主管部门责令限期改正，并处以工程合同价款百分之二以上百分之四以下的罚款，造成建设工程质量不合格的，负责返工、修理，并赔偿因此造成的损失；情节严重的，责令停业整顿，降低资质等级或者吊销资质证书：

（一）未按工程设计图纸或者施工技术标准施工的；

（二）使用未经检测或者检测不合格的建筑材料、建筑构配件、设备和商品混凝土的；

（三）在施工中偷工减料的。

第三十八条 违反本条例第十一条规定，工程监理单位与建设单位或者施工单位串通、弄虚作假降低工程质量，或者将不合格的建设工程、建筑材料、建筑构配件和设备按照合格签字的，由建设行政主管部门责令限期改正，并处以五十万元以上一百万元以下的罚款，降低资质等级或者吊销资质证书；有违法所得的，予以没收；造成损失的，承担连带赔偿责任。

第三十九条 违反本条例第十二条、第十九条规定，建设工程质量检测单位有下列行为之一的，由建设行政主管部门责令改正，并处以一万元以上三万元以下的罚款：

（一）超越资质范围从事检测业务的；

（二）出现检测结果不合格项目未及时通知委托单位和建设工程质量监督机构的；

（三）对未见证取样的试块、试件，以及有关材料，出具见证取样检测报告的。

建设工程质量检测单位伪造检测数据、出具虚假检测报告或者鉴定结论，情节严重的，吊销资质证书。

第四十条 违反本条例第十三条规定，施工图审查机构未按照规定的审查内容进行审查或者出具虚假审查合格书的，由建设行政主管部门责令改正，并处以五万元以上十万元以下的罚款；情节严重的，由市建设行政主管部门撤销其施工图审查机构认定。

对擅自修改经审查合格的施工图设计文件的单位和个人，由建设行政主管部门责令改正，并处以一万元以上五万元以下的罚款。

第四十一条 违反本条例第十七条规定，施工单位对建设工程质量控制资料记录不真实、不准确、不完整或者与建设工程进度不同步的，由建设行政主管部门责令改正，可处以一万元以上五万元以下的罚款。

第四十二条 违反本条例第十八条规定，建设单位未按照规定组织阶段验收要求施工单位进入下一工序施工的，施工单位未经阶段验收或者验收不合格擅自进入下一工序施工的，由建设行政主管部门责令限期改正，并处以五万元以上十万元以下罚款。

第四十三条 违反本条例第十九条规定，施工单位未对涉及结构安全的试块、试件以及有关材料取样检测或者对所送检的试块、试件以及有关材料弄虚作假的，由建设行政主管部门责令限期改正，并处以十万元以上二十万元以下的罚款，情节严重的，责令停业整顿，降低资质等级或者吊销资质证书；造成损失的，依法承担赔偿责任。

第四十四条 违反本条例第二十一条规定，建设单位提供虚假竣工验收备案文件的，由建设行政主管部门责令限期改正，并处以十万元以上三十万元以下的罚款。

违反本条例第二十二条规定，建设单位将建设行政主管部门决定重新组织竣工验收的工程，在重新组织竣工验收前擅自使用的，由建设行政主管部门处以工程合同价款百分之二以上百分之四以下的罚款。

第四十五条 建设、勘察、设计、施工、工程监理单位违反国家规定，降低工程质量标准，造成重大安全事故，构成犯罪的，对直接责任人员依法追究刑事责任。

第四十六条 建设、勘察、设计、施工、工程监理单位及其注册执业人员依法受到行政处罚的，可以将其违法行为和处理结果记入建筑市场信用信息系统。

建设、勘察、设计、施工、工程监理单位依照本条例第三十五条、第三十七条、第三十八条、第四十二条、第四十三条、第四十四条被建设行政主管部门责令限期改正，情节严重的，市建设行政主管部门可以取消其六个月以上十二个月以下在本市参加招投标活动的资格。

第四十七条 国家工作人员在建设工程质量监督管理工作中索贿受贿、玩忽职守、滥用职权、徇私舞弊，构成犯罪的，依法追究刑事责任；尚不构成犯罪的，依法给予处分。

第四十八条 建设、勘察、设计、施工、工程监理单位的工作人员因调动工作、退休等原因离开该单位后，被发现在该单位工作期间违反国家和本市有关建设工程质量管理规定，造成重大工程质量事故的，仍应当依法追究法律责任。

第四十九条 当事人对行政处罚决定不服的,可以依法申请行政复议或者提起行政诉讼。逾期不申请复议、不起诉又不履行行政处罚决定的,由作出行政处罚决定的部门依法申请人民法院强制执行。

第六章 附则

第五十条 本条例自 2011 年 9 月 1 日起施行。2003 年 9 月 10 日天津市第十四届人民代表大会常务委员会第五次会议通过的《天津市建设工程质量管理规定》同时废止。

附件二　实施效果调查问卷

《天津市建设工程质量管理条例》实施效果
调查问卷（建设单位）

编号：_____

访问时间：2013 年____月____日

尊敬的女士/先生：

您好。《天津市建设工程质量管理条例》（以下简称《条例》）经天津市第十五届人大常委会第二十五次会议正式通过，自 2011 年 9 月 1 日起正式施行，至今已近两年。本课题组设计问卷是用于调查该条例实施效果，属于科研项目，为科学研究之用，没有任何其他用途，请您放心并尽可能客观回答。我们承诺，我们将对您提供的所有信息严格保密。如果您对本研究结论感兴趣，我们会在研究结束之后将研究成果提供给贵方参考！

非常感谢您的大力支持！

以下为选择题，请在您认为的答案前打√，如未注明则为单选；如注明为多选，请您按照优先次序加以选择。

1. 您对《条例》的了解程度如何？

    1. 非常了解　2. 比较了解　3. 一般　4. 不太了解　5. 不了解

2. 您对《条例》的宣传力度作何评价？

    1. 非常大　2. 比较大　3. 一般　4. 比较弱　5. 非常弱

3. 据您了解，《条例》在制定过程中，公众的参与度如何？

1. 非常高　2. 比较高　3. 一般　4. 比较低　5. 非常低

4. 您认同以下哪些评价（可多选），在您认为"是"的对应框中打"√"。

序号	内容	是
1	内容具体、明确	
2	可操作性强，能够切实解决问题	
3	权利、义务、责任——对应	
4	言语规范、通俗易懂	

5. 从整体上看，《条例》与天津市经济社会发展匹配程度如何？

1. 非常一致　2. 比较一致　3. 一般　4. 不太一致　5. 非常不一致

6.《条例》与《中华人民共和国建筑法》、国务院《建设工程质量管理条例》的协调一致程度如何？

1. 非常一致　2. 比较一致　3. 一般　4. 不太一致　5. 非常不一致

7.《条例》的内容与《天津市建筑市场管理条例》、《天津市建设工程施工安全管理条例》等地方性法规的协调一致程度如何？

1. 非常一致　2. 比较一致　3. 一般　4. 不太一致　5. 非常不一致

8.《条例》的实施对防止和减少建设工程违法行为的作用有多大？

1. 非常大　2. 比较大　3. 一般　4. 比较弱　5. 非常弱

9.《条例》的实施对提高建设工程质量、建造优质工程起到多大作用？

1. 非常大　2. 比较大　3. 一般　4. 比较弱　5. 非常弱

10.《条例》的实施对减少天津市建设工程质量纠纷的作用有多大？

1. 非常大　2. 比较大　3. 一般　4. 比较弱　5. 非常弱

11. 在建设工程过程中，您主要依据哪部法律法规来规范自身行为？

1.《中华人民共和国建筑法》　2. 国务院《建设工程质量管理条例》

3.《天津市建设工程质量管理条例》

12.《条例》的实施，是否从总体上达到了规范建设单位从业行为，促进天津市建设工程质量健康发展的目的？

  1.完全达到 2.基本达到 3.部分达到 4.少许达到 5.完全没达到

  13.《条例》实施以来，天津市建设工程质量主要在下列哪些方面取得了效果。（可多选）在您认为"是"的对应框中打"√"。

序号	内容	是
1	安全性	
2	耐久性	
3	使用功能	
4	节能环保	

  14.《条例》规定的"鼓励推行建设工程质量保险制度"，在您承接的本市建设工程项目中推行情况如何？

  1.非常高 2.比较高 3.一般 4.比较低 5.非常低

  15.建设单位遵守对建设工程的安全性、耐久性、使用功能和节能环保等工程质量负总责的程度如何？

  1.非常严格 2.比较严格 3.一般 4.不太严格 5.非常不严格

  16.实行代建制的建设工程，代建单位在受委托范围内承担工程质量责任的程度如何？

  1.非常严格 2.比较严格 3.一般 4.不太严格 5.非常不严格

  17.《条例》在加强工程质量过程控制上，"明确阶段验收和竣工验收"的程序，建设工程各方遵守这些程序程度如何？

  1.非常严格 2.比较严格 3.一般 4.不太严格 5.非常不严格

  18.《条例》中"对住宅工程，应当先组织分户验收，合格后再进行竣工验收"的规定，在执行过程中可行性如何？

  1.非常可行 2.比较可行 3.一般 4.不太可行 5.不可行

  19.《条例》规定的"外墙保温、门窗和地下室外围防水工程最低保修期为五年"的规定，合理程度如何？

  1.非常合理 2.比较合理 3.一般 4.不太合理 5.非常不合理

20. 创新建立企业信用体系，将建设工程各方主体违法行为和处理结果记入建筑市场信用信息系统，对失信企业的惩戒作用有多大？

1. 非常大　2. 比较大　3. 一般　4. 比较小　5. 非常小

21. 您认为以下哪些单位应该对建设工程质量负有责任（可多选，请按重要程度由重到轻排序）。

1. 建设　2. 勘察　3. 设计　4. 施工　5. 工程监理　6. 建设工程质量检测　7. 施工图审查机构　8. 建设工程质量监督机构

22.《条例》细化建设工程各方主体的质量责任和义务哪些是值得肯定（可多选）。

1. 建设单位对建设工程质量负总责；

2. 勘查单位对勘查质量负责，勘察文件应当由参加勘察的具有执业资格的人员签字，并对勘察文件的真实性、准确性承担责任；

3. 设计单位不得指定建筑材料、建筑构配件的生产商、供应商，设计文件应当注明建设工程合理使用年限、允许最大沉降量、抗震设防裂度和防火要求，并由参加设计的具有执业资格的人员签字，对设计文件的科学性、安全性、可靠性承担责任；

4. 施工单位对所承建的建设工程施工质量负责，并承担保修期内的工程质量保修责任；

5. 工程监理单位不得与建设单位或者施工单位恶意串通、弄虚作假降低工程质量；

6. 建设工程质量检测单位对出具的检测报告负责；

7. 施工图审查机构对出具的审查合格书负责。

23.《条例》对建设工程各方主体违法行为的处罚力度如何？

1. 非常大　2. 比较大　3. 一般　4. 比较小　5. 非常小

24. 对建设工程各方主体情节严重的违反行为，"市建设行政主管部门可以取消其六个月以上十二个月以下在本市参加招投标活动的资格"，您认为该规定是否严厉？

1. 非常严厉　2. 比较严厉　3. 一般　4. 不太严厉　5. 非常不严厉

25.对建设工程各方主体情节严重的违反行为,"市建设行政主管部门可以取消其六个月以上十二个月以下在本市参加招投标活动的资格",您认为该规定如何?

1.规定切实可行   2.执行存在一定的实际困难   3.需要进一步完善

26.您认为建设行政主管部门在执法的过程中是否依照法定程序公正执法?

1.是   2.否

27.您认为建设工程质量监督机构在监督过程中是否依法尽到了监督责任?

1.是   2.否

28.在以下法律责任的规定中,您认为各项处罚合理程度如何?请按照合理程度在相对应的框下打"√"。

序号	法律责任	非常合理	比较合理	一般	不太合理	非常不合理
1	工程监理单位与建设单位或者施工单位串通、弄虚作假降低工程质量,或者将不合格的建设工程、建筑材料、建筑构配件和设备按照合格签字的,由建设行政主管部门责令限期改正,并处以五十万元以上一百万元以下的罚款,降低资质等级或者吊销资质证书;有违法所得的,予以没收;造成损失的,承担连带赔偿责任。					
2	建设单位未按照规定组织阶段验收要求施工单位进入下一工序施工的,施工单位未经阶段验收或者验收不合格擅自进入下一工序施工的,由建设行政主管部门责令限期改正,并处以五万元以上十万元以下罚款。					
3	建设单位提供虚假竣工验收备案文件的,由建设行政主管部门责令限期改正,并处以十万元以上三十万元以下的罚款。 建设单位将建设行政主管部门决定重新组织竣工验收的工程,在重新组织竣工验收前擅自使用的,由建设行政主管部门处以工程合同价款百分之二以上百分之四以下的罚款。					
4	建设、勘察、设计、施工、工程监理单位违反国家规定,降低工程质量标准,造成重大安全事故,构成犯罪的,对直接责任人员依法追究刑事责任。					
5	建设、勘察、设计、施工、工程监理单位的工作人员因调动工作、退休等原因离开该单位后,被发现在该单位工作期间违反国家和本市有关建设工程质量管理规定,造成重大工程质量事故的,仍应当依法追究法律责任。					

附属信息

本部分信息只用于数理统计使用，不会泄露您相关的任何私人信息，请谅解！

1. 贵单位是：

1. 国有企业　2. 集体企业　3. 私营企业　4. 其他

2. 贵单位的注册资本在以下哪个范围内？

1.100 万元以下　2.100 万–1000 万元

3.1000 万–10000 万元　4.10000 万元以上

《天津市建设工程质量管理条例》实施效果
调查问卷（勘察单位用）

编号：_____

访问时间：2013年____月____日

尊敬的女士/先生：

您好。《天津市建设工程质量管理条例》(以下简称《条例》)经天津市第十五届人大常委会第二十五次会议正式通过，自2011年9月1日起正式施行，至今已近两年。本课题组设计问卷是用于调查该条例实施效果，属于科研项目，为科学研究之用，没有任何其他用途，请您放心并尽可能客观回答。我们承诺，我们将对您提供的所有信息严格保密。如果您对本研究结论感兴趣，我们会在研究结束之后将研究成果提供给贵方参考！

非常感谢您的大力支持！

以下为选择题，请在您认为的答案前打√，如未注明则为单选；如注明为多选，请您按照优先次序加以选择。

1. 您对《条例》的了解程度如何？

1. 非常了解　2. 比较了解　3. 一般　4. 不太了解　5. 不了解

2. 您对《条例》的宣传力度作何评价？

1. 非常大　2. 比较大　3. 一般　4. 比较弱　5. 非常弱

3. 据您了解，《条例》在制定过程中，公众的参与度如何？

1. 非常高　2. 比较高　3. 一般　4. 比较低　5. 非常低

4. 您认同以下哪些评价（可多选），在您认为"是"的对应框中打"√"。

序号	内容	是
1	内容具体、明确	

续表

序号	内容	是
2	可操作性强,能够切实解决问题	
3	权利、义务、责任一一对应	
4	言语规范、通俗易懂	

5.从整体上看,《条例》与天津市经济社会发展匹配程度如何?

1.非常一致 2.比较一致 3.一般 4.不太一致 5.非常不一致

6.《条例》与《中华人民共和国建筑法》、国务院《建设工程质量管理条例》的协调一致程度如何?

1.非常一致 2.比较一致 3.一般 4.不太一致 5.非常不一致

7.《条例》的内容与《天津市建筑市场管理条例》《天津市建设工程施工安全管理条例》等地方性法规的协调一致程度如何?

1.非常一致 2.比较一致 3.一般 4.不太一致 5.非常不一致

8.《条例》的实施对防止和减少建设工程违法行为的作用有多大?

1.非常大 2.比较大 3.一般 4.比较弱 5.非常弱

9.《条例》的实施对提高建设工程质量、建造优质工程起到多大作用?

1.非常大 2.比较大 3.一般 4.比较弱 5.非常弱

10.《条例》的实施对减少天津市建设工程质量纠纷的作用有多大?

1.非常大 2.比较大 3.一般 4.比较弱 5.非常弱

11.在建设工程过程中,您主要依据哪部法律法规来规范自身行为?

1.《中华人民共和国建筑法》 2.国务院《建设工程质量管理条例》

3.《天津市建设工程质量管理条例》

12.《条例》的实施,是否从总体上达到了规范勘察单位从业行为,促进天津市建设工程质量健康发展的目的?

1.完全达到 2.基本达到 3.部分达到 4.少许达到 5.完全没达

13.《条例》实施以来,天津市建设工程质量主要在下列哪些方面取得了效果。(可多选)在您认为"是"的对应框中打"√"。

序号	内容	是
1	安全性	
2	耐久性	
3	使用功能	
4	节能环保	

14.《条例》规定的"鼓励推行建设工程质量保险制度",在您承接的本市建设工程项目中推行情况如何?

1.非常高　2.比较高　3.一般　4.比较低　5.非常低

15.勘察单位参加建设工程的地基验收和建设工程竣工验收,勘察单位遵守这些程序性规定的程度如何?

1.非常严格　2.比较严格　3.一般　4.不太严格　5.非常不严格

16.《条例》在加强工程质量过程控制上,"明确阶段验收和竣工验收"的程序,建设工程各方遵守这些程序性规定的程度如何?

1.非常严格　2.比较严格　3.一般　4.不太严格　5.非常不严格

17.《条例》中"对住宅工程,应当先组织分户验收,合格后再进行竣工验收"的规定,在执行过程中可行性如何?

1.非常可行　2.比较可行　3.一般　4.不太可行　5.不可行

18.《条例》规定的"外墙保温、门窗和地下室外围防水工程最低保修期为五年"的规定,合理程度如何?

1.非常合理　2.比较合理　3.一般　4.不太合理　5.非常不合理

19.创新建立企业信用体系,将建设工程各方主体违法行为和处理结果记入建筑市场信用信息系统,对失信企业的惩戒作用有多大?

1.非常大　2.比较大　3.一般　4.比较小　5.非常小

20.您认为以下哪些单位应该对建设工程质量负有责任(可多选,请按重要程度由重到轻排序)。

1.建设　2.勘察　3.设计　4.施工　5.工程监理　6.建设工程质量检测　7.施工图审查机构　8.建设工程质量监督机构

21.《条例》细化建设工程各方主体的质量责任和义务哪些是值得肯定的（可多选）。

1. 建设单位对建设工程质量负总责；

2. 勘查单位对勘查质量负责，勘察文件应当由参加勘察的具有执业资格的人员签字，并对勘察文件的真实性、准确性承担责任；

3. 设计单位不得指定建筑材料、建筑构配件的生产商、供应商，对设计文件应当注明建设工程合理使用年限、允许最大沉降量、抗震设防裂度和防火要求，并由参加设计的具有执业资格的人员签字，对设计文件的科学性、安全性、可靠性承担责任；

4. 施工单位对所承建的建设工程施工质量负责，并承担保修期内的工程质量保修责任；

5. 工程监理单位不得与建设单位或者施工单位恶意串通、弄虚作假降低工程质量；

6. 建设工程质量检测单位对出具的检测报告负责；

7. 施工图审查机构对出具的审查合格书负责。

22.《条例》对建设工程各方主体违法行为的处罚力度如何？

1. 非常大　2. 比较大　3. 一般　4. 比较小　5. 非常小

23. 对建设工程各方主体情节严重的违反行为，"市建设行政主管部门可以取消其六个月以上十二个月以下在本市参加招投标活动的资格"，您认为该规定是否严厉？

1. 非常严厉　2. 比较严厉　3. 一般　4. 不太严厉　5. 非常不严厉

24. 对建设工程各方主体情节严重的违反行为，"市建设行政主管部门可以取消其六个月以上十二个月以下在本市参加招投标活动的资格"，您认为该规定如何？

1. 规定切实可行　2. 执行存在一定的实际困难　3. 需要进一步完善

25. 您认为建设行政主管部门在执法的过程中是否依照法定程序公正执法？

1. 是　2. 否

26. 您认为建设工程质量监督机构在监督过程中是否依法尽到了监督责任？

1 是　2. 否

27. 在以下的法律责任规定中，您认为各项处罚合理程度如何？请按照合理程度在相对应的框下打"√"。

序号	法律责任	非常合理	比较合理	一般	不太合理	非常不合理
1	有下列行为的，由建设行政主管部门责令限期改正，并处以十万元以上三十万元以下的罚款；造成工程质量事故的，责令停业整顿，降低资质等级；情节严重的，吊销资质证书；造成损失的，依法承担赔偿责任： 勘察单位未按照工程建设强制性标准进行勘察的，不按照规定参与验收或者出具的验收文件不真实的；					
2	建设、勘察、设计、施工、工程监理单位违反国家规定，降低工程质量标准，造成重大安全事故，构成犯罪的，对直接责任人员依法追究刑事责任。					
3	建设、勘察、设计、施工、工程监理单位的工作人员因调动工作、退休等原因离开该单位后，被发现在该单位工作期间违反国家和本市有关建设工程质量管理规定，造成重大工程质量事故的，仍应当依法追究法律责任。					

附 件

《天津市建设工程质量管理条例》实施效果
调查问卷（设计单位用）

单位编号：_____

访问时间：2013 年____月____日

> 尊敬的女士/先生：
>
> 您好。《天津市建设工程质量管理条例》（以下简称《条例》）经天津市第十五届人大常委会第二十五次会议正式通过，自2011年9月1日起正式施行，至今已近两年。本课题组设计问卷是用于调查该条例实施效果，属于科研项目，为科学研究之用，没有任何其他用途，请您放心并尽可能客观回答。我们承诺，我们将对您提供的所有信息严格保密。如果您对本研究结论感兴趣，我们会在研究结束之后将研究成果提供给贵方参考！
>
> 非常感谢您的大力支持！

以下为选择题，请在您认为的答案前打√，如未注明则为单选；如注明为多选，请您按照优先次序加以选择。

1. 您对《条例》的了解程度如何？
1. 非常了解 2. 比较了解 3. 一般 4. 不太了解 5. 不了解

2. 您对《条例》的宣传力度作何评价？
1. 非常大 2. 比较大 3. 一般 4. 比较弱 5. 非常弱

3. 据您了解，《条例》在制定过程中，公众的参与度如何？
1. 非常高 2. 比较高 3. 一般 4. 比较低 5. 非常低

4. 您认同以下哪些评价（可多选），在您认为"是"的对应框中打"√"。

序号	内容	是
1	内容具体、明确	

续表

序号	内容	是
2	可操作性强，能够切实解决问题	
3	权利、义务、责任——对应	
4	言语规范、通俗易懂	

5.从整体上看，《条例》与天津市经济社会发展匹配程度如何？

1.非常一致　2.比较一致　3.一般　4.不太一致　5.非常不一致

6.《条例》与《中华人民共和国建筑法》、国务院《建设工程质量管理条例》的协调一致程度如何？

1.非常一致　2.比较一致　3.一般　4.不太一致　5.非常不一致

7.《条例》的内容与《天津市建筑市场管理条例》《天津市建设工程施工安全管理条例》等地方性法规的协调一致程度如何？

1.非常一致　2.比较一致　3.一般　4.不太一致　5.非常不一致

8.《条例》的实施对防止和减少建设工程违法行为的作用有多大？

1.非常大　2.比较大　3.一般　4.比较弱　5.非常弱

9.《条例》的实施对提高建设工程质量、建造优质工程起到多大作用？

1.非常大　2.比较大　3.一般　4.比较弱　5.非常弱

10.《条例》的实施对减少天津市建设工程质量纠纷的作用有多大？

1.非常大　2.比较大　3.一般　4.比较弱　5.非常弱

11.在建设工程过程中，您主要依据哪部法律法规来规范自身行为？

1.《中华人民共和国建筑法》　2.国务院《建设工程质量管理条例》

3.《天津市建设工程质量管理条例》

12.《条例》的实施，是否从总体上达到了规范设计单位从业行为，促进天津市建设工程质量健康发展的目的？

1.完全达到　2.基本达到　3.部分达到　4.少许达到　5.完全没达到

13.《条例》实施以来，天津市建设工程质量主要在下列哪些方面取得了效果。(可多选)在您认为"是"的对应框中打"√"。

序号	内容	是
1	安全性	
2	耐久性	
3	使用功能	
4	节能环保	

14.《条例》规定的"鼓励推行建设工程质量保险制度",在您承接的本市建设工程项目中推行情况如何?

1. 非常高 2. 比较高 3. 一般 4. 比较低 5. 非常低

15. 在设计过程中,"设计文件应当注明建设工程合理使用年限、允许最大沉降量、抗震设防烈度和防火要求。"您单位对该规定遵守程度如何?

1. 非常严格 2. 比较严格 3. 一般 4. 不太严格 5. 非常不严格

16. 在设计过程中,"设计文件应当由参加设计的具有执业资格的人员签字,并对设计文件的科学性、安全性、可靠性承担责任。"您单位对该规定遵守程度如何?

1. 非常严格 2. 比较严格 3. 一般 4. 不太严格 5. 非常不严格

17.《条例》在加强工程质量过程控制上,"明确阶段验收和竣工验收"的程序,建设工程各方遵守这些程序性规定的程度如何?

1. 非常严格 2. 比较严格 3. 一般 4. 不太严格 5. 非常不严格

18.《条例》中"对住宅工程,应当先组织分户验收,合格后再进行竣工验收"的规定,在执行过程中可行性如何?

1. 非常可行 2. 比较可行 3. 一般 4. 不太可行 5. 不可行

19.《条例》规定的"外墙保温、门窗和地下室外围防水工程最低保修期为五年"的规定,合理程度如何?

1. 非常合理 2. 比较合理 3. 一般 4. 不太合理 5. 非常不合理

20. 创新建立企业信用体系,将建设工程各方主体违法行为和处理结果记入建筑市场信用信息系统,对失信企业的惩戒作用有多大?

1. 非常大　2. 比较大　3. 一般　4. 比较小　5. 非常小

21. 您认为以下哪些单位应该对建设工程质量负有责任（可多选，请按重要程度由重到轻排序）。

1. 建设　2. 勘察　3. 设计　4. 施工　5. 工程监理　6. 建设工程质量检测　7. 施工图审查机构　8. 建设工程质量监督机构

22.《条例》细化建设工程各方主体的质量责任和义务哪些是值得肯定的（可多选）。

1. 建设单位对建设工程质量负总责；

2. 勘查单位对勘查质量负责，勘察文件应当由参加勘察的具有执业资格的人员签字，并对勘察文件的真实性、准确性承担责任；

3. 设计单位不得指定建筑材料、建筑构配件的生产商、供应商，对设计文件应当注明建设工程合理使用年限、允许最大沉降量、抗震设防裂度和防火要求，并由参加设计的具有执业资格的人员签字，对设计文件的科学性、安全性、可靠性承担责任；

4. 施工单位对所承建的建设工程施工质量负责，并承担保修期内的工程质量保修责任；

5. 工程监理单位不得与建设单位或者施工单位恶意串通、弄虚作假降低工程质量；

6. 建设工程质量检测单位对出具的检测报告负责；

7. 施工图审查机构对出具的审查合格书负责。

23.《条例》对建设工程各方主体违法行为的处罚力度如何？

1. 非常大　2. 比较大　3. 一般　4. 比较小　5. 非常小

24. 对建设工程各方主体情节严重的违法行为，"市建设行政主管部门可以取消其六个月以上十二个月以下在本市参加招投标活动的资格"，您认为该规定是否严厉？

1. 非常严厉　2. 比较严厉　3. 一般　4. 不太严厉　5. 非常不严厉

25. 对建设工程各方主体情节严重的违法行为，"市建设行政主管部门可以取消其六个月以上十二个月以下在本市参加招投标活动的资格"，您认为该规定如何？

1. 规定切实可行　2. 执行存在一定的实际困难　3. 需要进一步完善

26. 您认为建设行政主管部门在执法的过程中是否依照法定程序公正执法？
1. 是　2. 否

27. 您认为建设工程质量监督机构在监督过程中是否依法尽到了监督责任？
1. 是　2. 否

28. 请问在以下的法律责任规定中，您认为各项处罚合理程度如何？请按照合理程度在相对应的框下打"√"。

序号	法律责任	非常合理	比较合理	一般	不太合理	非常不合理
1	有下列行为之一的，由建设行政主管部门责令限期改正，并处以十万元以上三十万元以下的罚款；造成工程质量事故的，责令停业整顿，降低资质等级；情节严重的，吊销资质证书；造成损失的，依法承担赔偿责任： （一）设计单位未根据勘察文件进行工程设计的； （二）设计单位指定建筑材料、建筑构配件的生产厂、供应商的； （三）设计单位未按照工程建设强制性标准进行设计的； （四）设计单位不按照规定派驻设计代表，设计文件未注明建设工程合理使用年限、允许最大沉降量、抗震设防裂度和防火要求，不按照规定参与验收或者出具的验收文件不真实的。					
2	建设、勘察、设计、施工、工程监理单位违反国家规定，降低工程质量标准，造成重大安全事故，构成犯罪的，对直接责任人员依法追究刑事责任。					
3	建设、勘察、设计、施工、工程监理单位的工作人员因调动工作、退休等原因离开该单位后，被发现在该单位工作期间违反国家和本市有关建设工程质量管理规定，造成重大工程质量事故的，仍应当依法追究法律责任。					

附属信息

本部分信息只用于数理统计使用，不会泄露您相关的任何信息，请谅解！
贵单位的注册资本在以下哪个范围内？
1. 20万-50万元　2. 50万-100万元　3. 100万元以上

《天津市建设工程质量管理条例》实施效果
调查问卷(施工单位用)

编号:＿＿＿＿＿＿＿＿＿＿＿＿＿＿

访问时间:2013 年＿＿月＿＿日

> 尊敬的女士/先生:
> 您好。《天津市建设工程质量管理条例》(以下简称《条例》)经天津市第十五届人大常委会第二十五次会议正式通过,自 2011 年 9 月 1 日起正式施行,至今已近两年。本课题组设计问卷是用于调查该条例实施效果,属于科研项目,为科学研究之用,没有任何其他用途,请您放心并尽可能客观回答。我们承诺,我们将对您提供的所有信息严格保密。如果您对本研究结论感兴趣,我们会在研究结束之后将研究成果提供给贵方参考!
> 非常感谢您的大力支持!

以下为选择题,请在您认为的答案前打√,如未注明则为单选;如注明为多选,请您按照优先次序加以选择。

1. 您对《条例》的了解程度如何?

1. 非常了解 2. 比较了解 3. 一般 4. 不太了解 5. 不了解

2. 您对《条例》的宣传力度作何评价?

1. 非常大 2. 比较大 3. 一般 4. 比较弱 5. 非常弱

3. 据您了解,《条例》在制定过程中,公众的参与度如何?

1. 非常高 2. 比较高 3. 一般 4. 比较低 5. 非常低

4. 您认同以下哪些评价（可多选），在您认为"是"的对应框中打"√"。

序号	内容	是
1	内容具体、明确	
2	可操作性强，能够切实解决问题	
3	权利、义务、责任——对应	
4	言语规范、通俗易懂	

5. 从整体上看，《条例》与天津市经济社会发展匹配程度如何？

1. 非常一致　2. 比较一致　3. 一般　4. 不太一致　5. 非常不一致

6.《条例》与《中华人民共和国建筑法》、国务院《建设工程质量管理条例》的协调一致程度如何？

1. 非常一致　2. 比较一致　3. 一般　4. 不太一致　5. 非常不一致

7.《条例》的内容与《天津市建筑市场管理条例》《天津市建设工程施工安全管理条例》等地方性法规的协调一致程度如何？

1. 非常一致　2. 比较一致　3. 一般　4. 不太一致　5. 非常不一致

8.《条例》的实施对防止和减少建设工程违法行为的作用有多大？

1. 非常大　2. 比较大　3. 一般　4. 比较弱　5. 非常弱

9.《条例》的实施对提高建设工程质量、建造优质工程起到多大作用？

1. 非常大　2. 比较大　3. 一般　4. 比较弱　5. 非常弱

10.《条例》的实施对减少天津市建设工程质量纠纷的作用有多大？

1. 非常大　2. 比较大　3. 一般　4. 比较弱　5. 非常弱

11. 在建设工程过程中，您主要依据哪部法律法规来规范自身行为？

1.《中华人民共和国建筑法》　2. 国务院《建设工程质量管理条例》　3.《天津市建设工程质量管理条例》

12.《条例》的实施，是否从总体上达到了规范施工单位从业行为，促进天津市建设工程质量健康发展的目的？

1. 完全达到　2. 基本达到　3. 部分达到　4. 少许达到　5. 完全没达到

13.《条例》实施以来,天津市建设工程质量主要在下列哪些方面取得了效果。(可多选)在您认为"是"的对应框中打"√"。

序号	内容	是
1	安全性	
2	耐久性	
3	使用功能	
4	节能环保	

14.《条例》规定的"鼓励推行建设工程质量保险制度",在您承接的本市建设工程项目推行情况如何?

1.非常高　2.比较高　3.一般　4.比较低　5.非常低

15.在施工过程中,"应该根据工程规模和技术要求及合同约定配备相应的项目负责人和专业技术人员、管理人员;项目负责人应当具有相应的建造师资格,并且不得擅自更换。"您单位对该规定遵守程度如何?

1.非常严格　2.比较严格　3.一般　4.不太严格　5.非常不严格

16.在施工过程中,"发现设计文件和图纸有差错的,应当及时向建设单位提出;建设单位应当要求设计单位核对或者修改。"您单位对该规定遵守程度如何?

1.非常严格　2.比较严格　3.一般　4.不太严格　5.非常不严格

17.《条例》在加强工程质量过程控制上,"明确阶段验收和竣工验收"的程序,建设工程各方遵守这些程序性规定的程度如何?

1.非常严格　2.比较严格　3.一般　4.不太严格　5.非常不严格

18.《条例》中"对住宅工程,应当先组织分户验收,合格后再进行竣工验收"的规定,在执行过程中可行性如何?

1.非常可行　2.比较可行　3.一般　4.不太可行　5.不可行

19.《条例》规定的"外墙保温、门窗和地下室外围防水工程最低保修期为五年"的规定,合理程度如何?

1.非常合理　2.比较合理　3.一般　4.不太合理　5.非常不合理

20. 创新建立企业信用体系，将建设工程各方主体违法行为和处理结果记入建筑市场信用信息系统，对失信企业的惩戒作用有多大？

1. 非常大　2. 比较大　3. 一般　4. 比较小　5. 非常小

21. 您认为以下哪些单位应该对建设工程负有责任（可多选，请按重要程度由重到轻排序）。

1. 建设　2. 勘察　3. 设计　4. 施工　5. 工程监理　6. 建设工程质量检测　7. 施工图审查机构　8. 建设工程质量监督机构

22.《条例》细化建设工程各方主体的质量责任和义务哪些是值得肯定的（可多选）。

1. 建设单位对建设工程质量负总责；

2. 勘查单位对勘查质量负责，勘察文件应当由参加勘察的具有执业资格的人员签字，并对勘察文件的真实性、准确性承担责任；

3. 设计单位不得指定建筑材料、建筑构配件的生产商、供应商，对设计文件应当注明建设工程合理使用年限、允许最大沉降量、抗震设防裂度和防火要求，并由参加设计的具有执业资格的人员签字，对设计文件的科学性、安全性、可靠性承担责任；

4. 施工单位对所承建的建设工程施工质量负责，并承担保修期内的工程质量保修责任；

5. 工程监理单位不得与建设单位或者施工单位恶意串通、弄虚作假降低工程质量；

6. 建设工程质量检测单位对出具的检测报告负责；

7. 施工图审查机构对出具的审查合格书负责。

23.《条例》对建设工程各方主体违法行为的处罚力度如何？

1. 非常大　2. 比较大　3. 一般　4. 比较小　5. 非常小

24. 对建设工程各方主体情节严重的违法行为，"市建设行政主管部门可以取消其六个月以上十二个月以下在本市参加招投标活动的资格"，您认为该规定是否严厉？

1. 非常严厉　2. 比较严厉　3. 一般　4. 不太严厉　5. 非常不严厉

25. 对建设工程各方主体情节严重的违法行为,"市建设行政主管部门可以取消其六个月以上十二个月以下在本市参加招投标活动的资格",您认为该规定如何?

1. 规定切实可行　2. 执行存在一定的实际困难　3. 需要进一步完善

26. 您认为建设行政主管部门在执法的过程中是否依照法定程序公正执法?

1. 是　2. 否

27. 您认为建设工程质量监督机构在监督过程中是否依法尽到了监督责任?

1. 是　2. 否

28. 请问在以下的法律责任规定中,您认为各项处罚合理程度如何?请按照合理程度在相对应的框下打"√"。

序号	法律责任	非常合理	比较合理	一般	不太合理	非常不合理
1	有下列行为的,由建设行政主管部门责令改正,可处以一万元以上五万元以下的罚款: 施工单位未配备相应项目负责人和专业技术人员、管理人员或者擅自更换项目负责人的。					
2	施工单位有下列行为之一的,由建设行政主管部门责令限期改正,并处以工程合同价款百分之二以上百分之四以下的罚款,造成建设工程质量不合格的,负责返工、修复,并赔偿因此造成的损失;情节严重的,责令停业整顿,降低资质等级或者吊销资质证书: (一)未按工程设计图纸或者施工技术标准施工的; (二)使用未经检测或者检测不合格的建筑材料、建筑构配件、设备和商品混凝土的; (三)在施工中偷工减料的。					
3	施工单位对建设工程质量控制资料记录不真实、不准确、不完整或者与建设工程进度不同步的,由建设行政主管部门责令改正,可处以一万元以上五万元以下的罚款。					
4	建设单位未按照规定组织阶段验收要求施工单位进入下一工序施工的,施工单位未经阶段验收或者验收不合格擅自进入下一工序施工的,由建设行政主管部门责令限期改正,并处以五万元以上十万元以下罚款。					

续表

序号	法律责任	非常合理	比较合理	一般	不太合理	非常不合理
5	施工单位未对涉及结构安全的试块、试件以及有关材料取样检测或者对所送检的试块、试件以及有关材料弄虚作假的，由建设行政主管部门责令限期改正，并处以十万元以上二十万元以下的罚款，情节严重的，责令停业整顿，降低资质等级或者吊销资质证书；造成损失的，依法承担赔偿责任。					
6	建设、勘察、设计、施工、工程监理单位违反国家规定，降低工程质量标准，造成重大安全事故，构成犯罪的，对直接责任人员依法追究刑事责任。					
7	建设、勘察、设计、施工、工程监理单位的工作人员因调动工作、退休等原因离开该单位后，被发现在该单位工作期间违反国家和本市有关建设工程质量管理规定，造成重大工程质量事故的，仍应当依法追究法律责任。					

附属信息

本部分信息只用于数理统计使用，不会泄露您相关的任何信息，请谅解！

1. 贵单位是

1. 国有企业　2. 集体企业　3. 私营企业　4. 其他

2. 贵单位的注册资本在以下哪个范围内？

1. 50万元以下　2. 50万–500万元

3. 500万–5000万元　4. 5000万元以上

《天津市建设工程质量管理条例》实施效果
调查问卷（工程监理单位）

编号：_____

访问时间：2013 年____月____日

> 尊敬的女士/先生：
>
> 您好。《天津市建设工程质量管理条例》（以下简称《条例》）经天津市第十五届人大常委会第二十五次会议正式通过，自 2011 年 9 月 1 日起正式施行，至今已近两年。本课题组设计问卷是用于调查该条例实施效果，属于科研项目，为科学研究之用，没有任何其他用途，请您放心并尽可能客观回答。我们承诺，我们将对您提供的所有信息严格保密。如果您对本研究结论感兴趣，我们会在研究结束之后将研究成果提供给贵方参考！
>
> 非常感谢您的大力支持！

以下为选择题，请在您认为的答案前打√，如未注明则为单选；如注明为多选，请您按照优先次序加以选择。

1. 您对《条例》了解程度如何？

   1. 非常了解 2. 比较了解 3. 一般 4. 不太了解 5. 不了解

2. 您对《条例》的宣传力度作何评价？

   1. 非常大 2. 比较大 3. 一般 4. 比较弱 5. 非常弱

3. 据您了解，《条例》在制定过程中，公众的参与度如何？

   1. 非常高 2. 比较高 3. 一般 4. 比较低 5. 非常低

4. 您认同以下哪些评价（可多选），在您认为"是"的对应框中打"√"。

序号	内容	是
1	内容具体、明确	
2	可操作性强，能够切实解决问题	
3	权利、义务、责任一一对应	
4	言语规范、通俗易懂	

5. 从整体上看，《条例》与天津市经济社会发展匹配程度如何？

1. 非常一致 2. 比较一致 3. 一般 4. 不太一致 5. 非常不一致

6.《条例》与《中华人民共和国建筑法》、国务院《建设工程质量管理条例》的协调一致程度如何？

1. 非常一致 2. 比较一致 3. 一般 4. 不太一致 5. 非常不一致

7.《条例》的内容与《天津市建筑市场管理条例》《天津市建设工程施工安全管理条例》等地方性法规的协调一致程度如何？

1. 非常一致 2. 比较一致 3. 一般 4. 不太一致 5. 非常不一致

8.《条例》的实施对防止和减少建设工程违法行为的作用有多大？

1. 非常大 2. 比较大 3. 一般 4. 比较弱 5. 非常弱

9.《条例》的实施对提高建设工程质量、建造优质工程起到多大作用？

1. 非常大 2. 比较大 3. 一般 4. 比较弱 5. 非常弱

10.《条例》的实施对减少天津市建设工程质量纠纷的作用有多大？

1. 非常大 2. 比较大 3. 一般 4. 比较弱 5. 非常弱

11. 在工程监理过程中，您主要依据哪部法律法规来规范自身行为？

1.《中华人民共和国建筑法》 2. 国务院《建设工程质量管理条例》

3.《天津市建设工程质量管理条例》

12.《条例》的实施，是否从总体上达到了规范工程监理单位从业行为，促进天津市建设工程质量健康发展的目的？

1. 完全达到 2. 基本达到 3. 部分达到 4. 少许达到 5. 完全没达到

13.《条例》实施以来，天津市建设工程质量主要在下列哪些方面取得了效果。（可多选）在您认为"是"的对应框中打"√"。

序号	内容	是
1	安全性	
2	耐久性	
3	使用功能	
4	节能环保	

14.《条例》规定的"鼓励推行建设工程质量保险制度",在您承接的本市建设工程项目中推行情况如何?

1.非常高　2.比较高　3.一般　4.比较低　5.非常低

15.《条例》规定,在工程监理过程中,"不得与建设单位或者施工单位恶意串通、弄虚作假降低工程质量"。您单位对该规定遵守程度如何?

非常严格　2.比较严格　3.一般　4.不太严格　5.非常不严格

16.在工程监理过程中,"对未经验收或者验收不合格,建设单位要求施工单位进入下一工序施工的,施工单位、工程监理单位应当及时向建设工程质量监督机构报告。"您单位对该规定遵守程度如何?

1.非常严格　2.比较严格　3.一般　4.不太严格　5.非常不严格

17.《条例》在加强工程质量过程控制上,"明确阶段验收和竣工验收"的程序,建设工程各方遵守这些程序程度如何?

1.非常严格　2.比较严格　3.一般　4.不太严格　5.非常不严格

18.《条例》中"对住宅工程,应当先组织分户验收,合格后再进行竣工验收"的规定,在执行过程中可行性如何?

1.非常可行　2.比较可行　3.一般　4.不太可行　5.不可行

19.《条例》规定的"外墙保温、门窗和地下室外围防水工程最低保修期为五年"的规定,合理程度如何?

1.非常合理　2.比较合理　3.一般　4.不太合理　5.非常不合理

20.创新建立企业信用体系,将建设工程各方主体违法行为和处理结果记入建筑市场信用信息系统,对失信企业的惩戒作用有多大?

1.非常大　2.比较大　3.一般　4.比较小　5.非常小

21.您认为以下哪些单位应该对建设工程质量负有责任(可多选,请按重要程度由重到轻排序)。

1.建设　2.勘察　3.设计　4.施工　5.工程监理　6.建设工程质量检测　7.施工图审查机构　8.建设工程质量监督机构

22.《条例》对建设工程各方主体违法行为的处罚力度如何?

1. 非常大   2. 比较大   3. 一般   4. 比较小   5. 非常小

23. 对建设工程各方主体情节严重的违法行为,"市建设行政主管部门可以取消其六个月以上十二个月以下在本市参加招投标活动的资格",您认为该规定是否严厉?

1. 非常严厉   2. 比较严厉   3. 一般   4. 不太严厉   5. 非常不严厉

24. 对建设工程各方主体情节严重的违法行为,"市建设行政主管部门可以取消其六个月以上十二个月以下在本市参加招投标活动的资格",您认为该规定如何?

1. 规定切实可行   2. 执行存在一定的实际困难   3. 需要进一步完善

25. 您认为建设行政主管部门在执法过程中是否依照法定程序公正执法?

1. 是   2. 否

26. 您认为建设工程质量监督机构在监督过程中是否依法尽到了监督责任?

1. 是   2. 否

27. 请问在以下的法律责任规定中,您认为各项处罚合理程度如何?请按照合理程度在相对应的框下打"√"。

序号	法律责任	非常合理	比较合理	一般	不太合理	非常不合理
1	有下列行为之一的,由建设行政主管部门责令改正,可处以一万元以上五万元以下的罚款: (一)工程监理单位未配备相应监理项目负责人和其他监理人员,或者擅自更换监理项目负责人的; (二)工程监理单位对施工单位违反工程质量技术要求的相关行为未予以制止和报告的。					
2	工程监理单位与建设单位或者施工单位串通、弄虚作假降低工程质量,或者将不合格的建设工程、建筑材料、建筑构配件和设备按照合格签字的,由建设行政主管部门责令限期改正,并处以五十万元以上一百万元以下的罚款,降低资质等级或者吊销资质证书;有违法所得的,予以没收;造成损失的,承担连带赔偿责任。					
3	建设、勘察、设计、施工、工程监理单位违反国家规定,降低工程质量标准,造成重大安全事故,构成犯罪,对直接责任人员依法追究刑事责任。					

续表

序号	法律责任	非常合理	比较合理	一般	不太合理	非常不合理
4	建设、勘察、设计、施工、工程监理单位的工作人员因调动工作、退休等原因离开该单位后,被发现在该单位工作期间违反国家和本市有关建设工程质量管理规定,造成重大工程质量事故的,仍应当依法追究法律责任。					

附属信息

本部分信息只用于数理统计使用,不会泄露您相关的任何信息,请谅解!

贵单位的注册资本在以下哪个范围内?

1. 50万–100万元　2. 100万–300万元

3. 300万–600万元　4. 600万元以上

附 件

《天津市建设工程质量管理条例》实施效果
调查问卷（施工图审查机构用）

编号：_____

访问时间：2013年____月____日

> 尊敬的女士/先生：
>
> 您好。《天津市建设工程质量管理条例》（以下简称《条例》）经天津市第十五届人大常委会第二十五次会议正式通过，自2011年9月1日起正式施行，至今已近两年。本课题组设计问卷是用于调查该条例实施效果，属于科研项目，为科学研究之用，没有任何其他用途，请您放心并尽可能客观回答。我们承诺，我们将对您提供的所有信息严格保密。如果您对本研究结论感兴趣，我们会在研究结束之后将研究成果提供给贵方参考！
>
> 非常感谢您的大力支持！

以下为选择题，请在您认为的答案前打√，如未注明则为单选；如注明为多选，请您按照优先次序加以选择。

1. 您对《条例》的了解程度如何？
1. 非常了解　2. 比较了解　3. 一般　4. 不太了解　5. 不了解

2. 您对《条例》的宣传力度作何评价？
1. 非常大　2. 比较大　3. 一般　4. 比较弱　5. 非常弱

3. 据您了解，《条例》在制定过程中，公众的参与度如何？
1. 非常高　2. 比较高　3. 一般　4. 比较低　5. 非常低

4. 您认同以下哪些评价（可多选），在您认为"是"的对应框中打"√"。

序号	内容	是
1	内容具体、明确	
2	可操作性强，能够切实解决问题	

续表

序号	内容	是
3	权利、义务、责任——对应	
4	言语规范、通俗易懂	

5.从整体上看,《条例》与天津市经济社会发展匹配程度如何？

1.非常一致　2.比较一致　3.一般　4.不太一致　5.非常不一致

6.《条例》与《中华人民共和国建筑法》、国务院《建设工程质量管理条例》的协调一致程度如何？

1.非常一致　2.比较一致　3.一般　4.不太一致　5.非常不一致

7.《条例》的内容与《天津市建筑市场管理条例》《天津市建设工程施工安全管理条例》等地方性法规的协调一致程度如何？

1.非常一致　2.比较一致　3.一般　4.不太一致　5.非常不一致

8.《条例》的实施对防止和减少建设工程违法行为的作用有多大？

1.非常大　2.比较大　3.一般　4.比较弱　5.非常弱

9.《条例》的实施对提高建设工程质量、建造优质工程起到多大作用？

1.非常大　2.比较大　3.一般　4.比较弱　5.非常弱

10.《条例》的实施对减少天津市建设工程质量纠纷的作用有多大？

1.非常大　2.比较大　3.一般　4.比较弱　5.非常弱

11.在建设工程过程中，您主要依据哪部法律法规来规范自身行为？

1.《中华人民共和国建筑法》　2.国务院《建设工程质量管理条例》

3.《天津市建设工程质量管理条例》

12.《条例》的实施，是否从总体上达到了规范施工单位从业行为，促进天津市建设工程质量健康发展的目的？

1.完全达到　2.基本达到　3.部分达到　4.少许达到　5.完全没达到

13.《条例》实施以来，天津市建设工程质量主要在下列哪些方面取得了效果。(可多选)在您认为"是"的对应框中打"√"。

序号	内容	是
1	安全性	
2	耐久性	
3	使用功能	
4	节能环保	

14.《条例》规定的"鼓励推行建设工程质量保险制度",在您承接的本市建设工程项目中推行情况如何?

1.非常高 2.比较高 3.一般 4.比较低 5.非常低

15.在施工图设计文件进行审查的过程中,"应当在规定期限内完成审查,不得出具虚假审查合格书。"您所在的机构对该规定遵守程度如何?

1.非常严格 2.比较严格 3.一般 4.不太严格 5.非常不严格

16.在施工图设计文件进行审查的过程中,"发现勘察成果文件、施工图设计文件违反法律、法规和工程设计技术标准的,应当退回建设单位并书面说明原因。"您所在的机构对该规定遵守程度如何?

1.非常严格 2.比较严格 3.一般 4.不太严格 5.非常不严格

17.《条例》在加强工程质量过程控制上,"明确阶段验收和竣工验收"的程序,建设工程各方遵守这些程序性规定的程度如何?

1.非常严格 2.比较严格 3.一般 4.不太严格 5.非常不严格

18.《条例》中"对住宅工程,应当先组织分户验收,合格后再进行竣工验收"的规定,在执行过程中可行性如何?

1.非常可行 2.比较可行 3.一般 4.不太可行 5.不可行

19.《条例》规定的"外墙保温、门窗和地下室外围防水工程最低保修期为五年"的规定,合理程度如何?

1.非常合理 2.比较合理 3.一般 4.不太合理 5.非常不合理

20.创新建立企业信用体系,将建设工程各方主体违法行为和处理结果记入建筑市场信用信息系统,对失信企业的惩戒作用有多大?

1.非常大 2.比较大 3.一般 4.比较小 5.非常小

21.您认为以下哪些单位应该对建设工程质量负有责任(可多选,请按重要程度由重到轻排序）。

1. 建设　2. 勘察　3. 设计　4. 施工　5. 工程监理　6. 建设工程质量检测　7. 施工图审查机构　8. 建设工程质量监督机构

22.《条例》细化建设工程各方主体的质量责任和义务哪些是值得肯定的（可多选）。

1. 建设单位对建设工程质量负总责；

2. 勘查单位对勘查质量负责，勘察文件应当由参加勘察的具有执业资格的人员签字，并对勘察文件的真实性、准确性承担责任；

3. 设计单位不得指定建筑材料、建筑构配件的生产商、供应商，对设计文件应当注明建设工程合理使用年限、允许最大沉降量、抗震设防裂度和防火要求，并由参加设计的具有执业资格的人员签字，对设计文件的科学性、安全性、可靠性承担责任；

4. 施工单位对所承建的建设工程施工质量负责，并承担保修期内的工程质量保修责任；

5. 工程监理单位不得与建设单位或者施工单位恶意串通、弄虚作假降低工程质量；

6. 建设工程质量检测单位对出具的检测报告负责；

7. 施工图审查机构对出具的审查合格书负责。

23.《条例》对建设工程各方主体违法行为的处罚力度如何？

1. 非常大　2. 比较大　3. 一般　4. 比较小　5. 非常小

24. 对建设工程各方主体情节严重的违法行为，"市建设行政主管部门可以取消其六个月以上十二个月以下在本市参加招投标活动的资格"，您认为该规定是否严厉？

1. 非常严厉　2. 比较严厉　3. 一般　4. 不太严厉　5. 非常不严厉

25. 对建设工程各方主体情节严重的违法行为，"市建设行政主管部门可以取消其六个月以上十二个月以下在本市参加招投标活动的资格"，您认为该规定如何？

1. 规定切实可行　2. 执行存在一定的实际困难　3. 需要进一步完善

26. 您认为建设行政主管部门在执法的过程中是否依照法定程序公正执法？

1. 是　2. 否

27. 您认为建设工程质量监督机构在监督过程中是否依法尽到了监督责任？

1. 是　2. 否

28. 请问在以下的法律责任规定中，您认为处罚合理程度如何？请按照合理程度在相对应的框下打"√"。

法律责任	非常合理	比较合理	一般	不太合理	非常不合理
施工图审查机构未按照规定的审查内容进行审查或者出具虚假审查合格书的，由建设行政主管部门责令改正，并处以五万元以上十万元以下的罚款；情节严重的，由市建设行政主管部门撤销其施工图审查机构认定。 对擅自修改经审查合格的施工图设计文件的单位和个人，由建设行政主管部门责令改正，并处以一万元以上五万元以下的罚款。					

《天津市建设工程质量管理条例》实施效果
调查问卷（建设工程质量检测单位用）

编号：_____

访问时间：2013 年____月____日

尊敬的女士/先生：

您好。《天津市建设工程质量管理条例》（以下简称《条例》）经天津市第十五届人大常委会第二十五次会议正式通过，自 2011 年 9 月 1 日起正式施行，至今已近两年。本课题组设计问卷是用于调查该条例实施效果，属于科研项目，为科学研究之用，没有任何其他用途，请您放心并尽可能客观回答。我们承诺，我们将对您提供的所有信息严格保密。如果您对本研究结论感兴趣，我们会在研究结束之后将研究成果提供给贵方参考！

非常感谢您的大力支持！

以下为选择题，请在您认为的答案前打√，如未注明则为单选；如注明为多选，请您按照优先次序加以选择。

1. 您对《条例》的了解程度如何？

1. 非常了解　2. 比较了解　3. 一般　4. 不太了解　5. 不了解

2. 您对《条例》的宣传力度作何评价？

1. 非常大　2. 比较大　3. 一般　4. 比较弱　5. 非常弱

3. 据您了解，《条例》在制定过程中，公众的参与度如何？

1. 非常高　2. 比较高　3. 一般　4. 比较低　5. 非常低

4. 您认同以下哪些评价（可多选），在您认为"是"的对应框中打"√"。

序号	内容	是
1	内容具体、明确	
2	可操作性强，能够切实解决问题	

续表

序号	内容	是
3	权利、义务、责任——对应	
4	言语规范、通俗易懂	

5.从整体上看,《条例》与天津市经济社会发展匹配程度如何?

1.非常一致　2.比较一致　3.一般　4.不太一致　5.非常不一致

6.《条例》与《中华人民共和国建筑法》、国务院《建设工程质量管理条例》的协调一致程度如何?

1.非常一致　2.比较一致　3.一般　4.不太一致　5.非常不一致

7.《条例》的内容与《天津市建筑市场管理条例》、《天津市建设工程施工安全管理条例》等地方性法规的协调一致程度如何?

1.非常一致　2.比较一致　3.一般　4.不太一致　5.非常不一致

8.《条例》的实施对防止和减少建设工程违法行为的作用有多大?

1.非常大　2.比较大　3.一般　4.比较弱　5.非常弱

9.《条例》的实施对提高建设工程质量、建造优质工程起到多大作用?

1.非常大　2.比较大　3.一般　4.比较弱　5.非常弱

10.《条例》的实施对减少天津市建设工程质量纠纷的作用有多大?

1.非常大　2.比较大　3.一般　4.比较弱　5.非常弱

11.在建设工程过程中,您主要依据哪部法律法规来规范自身行为?

1.《中华人民共和国建筑法》　2.国务院《建设工程质量管理条例》

3.《天津市建设工程质量管理条例》

12.《条例》的实施,是否从总体上达到了规范建设工程质量检测单位的从业行为,促进天津市建设工程质量健康发展的目的?

1.完全达到　2.基本达到　3.部分达到　4.少许达到　5.完全没达到

13.《条例》实施以来,天津市建设工程质量主要在下列哪些方面取得了效果。(可多选)在您认为"是"的对应框中打"√"。

序号	内容	是
1	安全性	
2	耐久性	
3	使用功能	
4	节能环保	

14.《条例》规定的"鼓励推行建设工程质量保险制度",在您承接的本市建设工程项目中推行情况如何?

1. 非常高　2. 比较高　3. 一般　4. 比较低　5. 非常低

15. 在检测活动的过程中,"出具的检测报告或者鉴定结论应当由进行检测的专业技术人员、检测机构法定代表人或者其授权人签字。"您单位对该规定遵守程度如何?

1. 非常严格　2. 比较严格　3. 一般　4. 不太严格　5. 非常不严格

16. 在检测活动的过程中,"应当建立检测结果台账,出现检测结果不合格的项目应当如实记入不合格项目台账,并及时书面通知委托单位和建设工程质量监督机构。"您单位对该规定遵守程度如何?

1. 非常严格　2. 比较严格　3. 一般　4. 不太严格　5. 非常不严格

17.《条例》在加强工程质量过程控制上,"明确阶段验收和竣工验收"的程序,建设工程各方遵守这些程序程度如何?

1. 非常严格　2. 比较严格　3. 一般　4. 不太严格　5. 非常不严格

18.《条例》中"对住宅工程,应当先组织分户验收,合格后再进行竣工验收"的规定,在执行过程中可行性如何?

1. 非常可行　2. 比较可行　3. 一般　4. 不太可行　5. 不可行

19.《条例》规定的"外墙保温、门窗和地下室外围防水工程最低保修期为五年"的规定,合理程度如何?

1. 非常合理　2. 比较合理　3. 一般　4. 不太合理　5. 非常不合理

20. 创新建立企业信用体系,将建设工程各方主体违法行为和处理结果记入建筑市场信用信息系统,对失信企业的惩戒作用有多大?

1. 非常大　2. 比较大　3. 一般　4. 比较小　5. 非常小

21. 您认为以下哪些单位应该对建设工程质量负有责任（可多选，请按重要程度由重到轻排序）。

1. 建设　2. 勘察　3. 设计　4. 施工　5. 工程监理　6. 建设工程质量检测

7. 施工图审查机构　8. 建设工程质量监督机构

22.《条例》细化建设工程各方主体的质量责任和义务哪些是值得肯定的（可多选）。

1. 建设单位对建设工程质量负总责；

2. 勘查单位对勘查质量负责，勘察文件应当由参加勘察的具有执业资格的人员签字，并对勘察文件的真实性、准确性承担责任；

3. 设计单位不得指定建筑材料、建筑构配件的生产商、供应商，设计文件应当注明建设工程合理使用年限、允许最大沉降量、抗震设防裂度和防火要求，并由参加设计的具有执业资格的人员签字，对设计文件的科学性、安全性、可靠性承担责任；

4. 施工单位对所承建的建设工程施工质量负责，并承担保修期内的工程质量保修责任；

5. 工程监理单位不得与建设单位或者施工单位恶意串通、弄虚作假降低工程质量；

6. 建设工程质量检测单位对出具的检测报告负责；

7. 施工图审查机构对出具的审查合格书负责。

23.《条例》对建设工程各方主体违法行为的处罚力度如何？

1. 非常大　2. 比较大　3. 一般　4. 比较小　5. 非常小

24. 对建设工程各方主体情节严重的违法行为，"市建设行政主管部门可以取消其六个月以上十二个月以下在本市参加招投标活动的资格"，您认为该规定是否严厉？

1. 非常严厉　2. 比较严厉　3. 一般　4. 不太严厉　5. 非常不严厉

25. 对建设工程各方主体情节严重的违法行为，"市建设行政主管部门可以取消其六个月以上十二个月以下在本市参加招投标活动的资格"，您认为该规定如何？

    1.规定切实可行　2.执行存在一定的实际困难　3.需要进一步完善

26.您认为建设行政主管部门在执法的过程中是否依照法定程序公正执法？

    1.是　2.否

27.您认为建设工程质量监督机构在监督过程中是否依法尽到了监督责任？

    1.是　2.否

28.在以下的法律责任规定中，您认为各项处罚合理程度如何？请按照合理程度在相对应的框下打"√"。

法律责任	非常合理	比较合理	一般	不太合理	非常不合理
建设工程质量检测单位有下列行为之一的，由建设行政主管部门责令改正，并处以一万元以上三万元以下的罚款： （一）超越资质范围从事检测业务的； （二）出现检测结果不合格项目未及时通知委托单位和建设工程质量监督机构的； （三）对未见证取样的试块、试件以及有关材料，出具见证取样检测报告的。 　　建设工程质量检测单位伪造检测数据、出具虚假检测报告或者鉴定结论，情节严重的，吊销资质证书。					

《天津市建设工程质量管理条例》实施效果
调查问卷（法院用）

编号：_____

访问时间：2013年____月____日

> 尊敬的女士/先生：
>
> 您好。《天津市建设工程质量管理条例》（以下简称《条例》）经天津市第十五届人大常委会第二十五次会议正式通过，自2011年9月1日起正式施行，至今已近两年。本课题组设计问卷是用于调查该条例实施效果，属于科研项目，为科学研究之用，没有任何其他用途，请您放心并尽可能客观回答。我们承诺，我们将对您提供的所有信息严格保密。如果您对本研究结论感兴趣，我们会在研究结束之后将研究成果提供给贵方参考！
>
> 非常感谢您的大力支持！

以下为选择题，请在您认为的答案前打√，如未注明则为单选；如注明为多选，请您按照优先次序加以选择。

1. 您对《条例》的了解程度如何？
1. 非常了解 2. 比较了解 3. 一般 4. 不太了解 5. 不了解

2. 您对《条例》的宣传力度作何评价？
1. 非常大 2. 比较大 3. 一般 4. 比较弱 5. 非常弱

3. 据您了解，《条例》在制定过程中，公众的参与度如何？
1. 非常高 2. 比较高 3. 一般 4. 比较低 5. 非常低

4. 从立法技术角度来看，您认同以下哪些评价（可多选），在您认为"是"的对应框中打"√"。

序号	内容	是
1	内容具体、明确	
2	可操作性强，能够切实解决问题	
3	权利、义务、责任——对应	
4	言语规范、通俗易懂	

5. 从整体上看，《条例》与天津市经济社会发展匹配程度如何？

1. 非常一致　2. 比较一致　3. 一般　4. 比较不一致　5. 非常不一致

6. 《条例》与《中华人民共和国建筑法》、国务院《建设工程质量管理条例》的协调一致程度如何？

1. 非常一致　2. 比较一致　3. 一般　4. 比较不一致　5. 非常不一致

7. 《条例》的内容与《天津市建筑市场管理条例》《天津市建设工程施工安全管理条例》等地方性法规的协调一致程度如何？

1. 非常一致　2. 比较一致　3. 一般　4. 比较不一致　5. 非常不一致

8. 《条例》的实施对防止和减少建设工程违法行为的作用有多大？

1. 非常大　2. 比较大　3. 一般　4. 比较弱　5. 非常弱

9. 《条例》的实施对提高天津市建设工程质量的作用有多大？

1. 非常大　2. 比较大　3. 一般　4. 比较弱　5. 非常弱

10. 《条例》的实施对减少天津市建设工程质量纠纷的作用有多大？

1. 非常大　2. 比较大　3. 一般　4. 比较弱　5. 非常弱

11. 《条例》实施后，相较之前，您受理或参与的相关案件数量变化情况如何？

1. 大量增加　2. 增加　3. 不变　4. 减少　5. 大量减少

12. 在有关建设工程质量的案件中，《条例》的适用性如何？

1. 非常有用　2. 比较有用　3. 一般　4. 比较无用　5. 无用

13. 《条例》主要被适用于哪类诉讼程序？

1. 民事诉讼程序　2. 刑事诉讼程序　3. 行政诉讼程序

14. 您的业务领域曾经适用过《条例》的下面哪些规定（可多选）？在您

认为"是"的对应框中打"√"。

序号	内容	是
1	建设单位首要责任制度	
2	建设工程质量保险制度	
3	建设工程各方质量责任与义务	
4	建设工程竣工验收制度	
5	建设工程保修制度	
6	建设领域企业信用体系	
7	罚则部分	
8	其他方面的规定	

15.《条例》对建设工程各方主体违法行为的处罚力度如何？

1. 非常严厉　2. 比较严厉　3. 一般　4. 比较宽松　5. 非常宽松

16. 您认为工作中使用到的《条例》中的相关规定是否合理？

1. 非常合理　2. 比较合理　3. 一般　4. 比较不合理　5. 非常不合理

请问您认为，不合理的条款主要表现在＿＿＿＿＿＿＿＿＿＿

附属信息

本部分信息只用于数理统计使用，不会泄露您相关的任何信息，请谅解！

请问您所在的法院是

1. 基层人民法院　2. 中级人民法院　3. 高级人民法院

《天津市建设工程质量管理条例》实施效果
调查问卷（律师用）

编号：＿＿＿＿＿＿＿＿＿＿＿＿＿＿

访问时间：2013 年＿＿＿月＿＿＿日

> 尊敬的女士/先生：
>
> 您好。《天津市建设工程质量管理条例》（以下简称《条例》）经天津市第十五届人大常委会第二十五次会议正式通过，自 2011 年 9 月 1 日起正式施行，至今已近两年。本课题组设计问卷是用于调查该条例实施效果，属于科研项目，为科学研究之用，没有任何其他用途，请您放心并尽可能客观回答。我们承诺，我们将对您提供的所有信息严格保密。如果您对本研究结论感兴趣，我们会在研究结束之后将研究成果提供给贵方参考！
>
> 非常感谢您的大力支持！

以下为选择题，请在您认为的答案前打√，如未注明则为单选；如注明为多选，请您按照优先次序加以选择。

1. 您对《条例》的了解程度如何？

1. 非常了解 2. 比较了解 3. 一般 4. 不太了解 5. 不了解

2. 您对《条例》的宣传力度作何评价？

1. 非常大 2. 比较大 3. 一般 4. 比较弱 5. 非常弱

3. 据您了解，《条例》在制定过程中，公众的参与度如何？

1. 非常高 2. 比较高 3. 一般 4. 比较低 5. 非常低

4. 从立法技术角度来看，您认同以下哪些评价（可多选），在您认为"是"的对应框中打"√"。

序号	内容	是
1	内容具体、明确	
2	可操作性强,能够切实解决问题	
3	权利、义务、责任——对应	
4	言语规范、通俗易懂	

5. 从整体上看,《条例》与天津市经济社会发展匹配程度如何?

1. 非常一致　2. 比较一致　3. 一般　4. 不太一致　5. 非常不一致

6.《条例》与《中华人民共和国建筑法》、国务院《建设工程质量管理条例》的协调一致程度如何?

1. 非常一致　2. 比较一致　3. 一般　4. 不太一致　5. 非常不一致

7.《条例》的内容与《天津市建筑市场管理条例》《天津市建设工程施工安全管理条例》等地方性法规的协调一致程度如何?

1. 非常一致　2. 比较一致　3. 一般　4. 不太一致　5. 非常不一致

8.《条例》的实施对防止和减少建设工程违法行为的作用有多大?

1. 非常大　2. 比较大　3. 一般　4. 比较弱　5. 非常弱

9.《条例》的实施对提高天津市建设工程质量的作用有多大?

1. 非常大　2. 比较大　3. 一般　4. 比较弱　5. 非常弱

10.《条例》的实施对减少天津市建设工程质量纠纷的作用有多大?

1. 非常大　2. 比较大　3. 一般　4. 比较弱　5. 非常弱

11.《条例》实施后,相较之前,您参与的相关案件数量变化情况如何?

1. 大量增加　2. 增加　3. 不变　4. 减少　5. 大量减少

12. 在有关建设工程质量的案件中,《条例》的适用性如何?

1. 非常有用　2. 比较有用　3. 一般　4. 不太有用　5. 无用

13.《条例》主要被适用于哪类诉讼程序?(　　　)

1. 民事诉讼程序　2. 刑事诉讼程序　3. 行政诉讼程序

14. 您的业务领域曾经适用过《条例》的下面哪些规定(可多选)?在您认为"是"的对应框中打"√"。

序号	内容	是
1	建设单位首要责任制度	
2	建设工程质量保险制度	
3	建设工程各方质量责任与义务	
4	建设工程竣工验收制度	
5	建设工程保修制度	
6	建设领域企业信用体系	
7	罚则部分	
8	其他方面的规定	

15.《条例》对建设工程各方主体违法行为的处罚力度如何？

1. 非常严厉　2. 比较严厉　3. 一般　4. 比较宽松　5. 非常宽松

16. 您认为工作中使用到的《条例》中的相关规定是否合理？

1. 非常合理　2. 比较合理　3. 一般　4. 不太合理　5. 非常不合理

请问您认为，不合理的条款主要表现在＿＿＿＿＿＿＿＿＿＿。

《天津市建设工程质量管理条例》实施效果调查问卷(执法机构用)

编号:_____

访问时间:___年___月___日

> 尊敬的女士/先生:
>
> 您好。《天津市建设工程质量管理条例》(以下简称《条例》)经天津市第十五届人大常委会第二十五次会议正式通过,自2011年9月1日起正式施行,至今已近两年。本课题组设计问卷是用于调查该条例实施效果,属于科研项目,为科学研究之用,没有任何其他用途,请您放心并尽可能客观回答。我们承诺,我们将对您提供的所有信息严格保密。如果您对本研究结论感兴趣,我们会在研究结束之后将研究成果提供给贵方参考!
>
> 非常感谢您的大力支持!

以下为选择题,请在您认为的答案前打√,如未注明则为单选;如注明为多选,请您按照优先次序加以选择。

1.您对《条例》了解程度如何?
1.非常了解 2.比较了解 3.一般 4.不太了解 5.不了解

2.您对《条例》的宣传力度作何评价?
1.非常大 2.比较大 3.一般 4.比较弱 5.非常弱

3.据您了解,《条例》在制定过程中,公众的参与度如何?
1.非常高 2.比较高 3.一般 4.比较低 5.非常低

4.从立法技术角度来看,您认同以下哪些评价(可多选),在您认为"是"的对应框中打"√"。

序号	内容	是
1	内容具体、明确	
2	可操作性强，能够切实解决问题	
3	权利、义务、责任——对应	
4	言语规范、通俗易懂	

5. 从整体上看，《条例》与天津市经济社会发展匹配程度如何？

1. 非常一致　2. 比较一致　3. 一般　4. 不太一致　5. 非常不一致

6.《条例》与《中华人民共和国建筑法》、国务院《建设工程质量管理条例》的协调一致程度如何？

1. 非常一致　2. 比较一致　3. 一般　4. 不太一致　5. 非常不一致

7.《条例》的内容与《天津市建筑市场管理条例》《天津市建设工程施工安全管理条例》等地方性法规的协调一致程度如何？

1. 非常一致　2. 比较一致　3. 一般　4. 不太一致　5. 非常不一致

8.《条例》的实施对防止和减少建设工程违法行为的作用有多大？

1. 非常大　2. 比较大　3. 一般　4. 比较弱　5. 非常弱

9.《条例》的实施对提高天津市建设工程质量的作用有多大？

1. 非常大　2. 比较大　3. 一般　4. 比较弱　5. 非常弱

10.《条例》的实施对减少天津市建设工程质量纠纷的作用有多大？

1. 非常大　2. 比较大　3. 一般　4. 比较弱　5. 非常弱

11. 在《条例》实施后，相较之前，建设工程质量违法案件数量变化情况如何？

1. 大量增加　2. 增加　3. 不变　4. 减少　5. 大量减少

12. 请问您认为以下法律条款的适用性如何？请按照合理程度在相对应的框下打"√"。

序号	内容	非常有用	比较有用	一般	比较无用	非常无用
1	建立建设企业信用体系，将建设工程各方主体违法行为和处理结果记入建筑市场信用信息系统。					

续表

序号	内容	非常有用	比较有用	一般	比较无用	非常无用
2	由建设行政主管部门公布超限高层和超大跨度建筑、超深基坑以及采用新技术、新结构的工程的范围。					
3	建设单位向建设行政主管部门进行竣工验收备案。					
4	建设工程各方主体违反《条例》相关规定，情节严重的，由建设行政主管部门取消其一定期限（6—12个月）在本市参加招投标活动的资格。					

13. 您认为"创新建立企业信用体系，将建设工程各方主体违法行为和处理结果记入建筑市场信用信息系统"，对失信企业的惩戒作用有多大？

1. 非常大　2. 比较大　3. 一般　4. 比较小　5. 非常小

14. 您认为企业信用体系对建设工程质量管理的激励作用有多大？

1. 非常大　2. 比较大　3. 一般　4. 比较小　5. 非常小

15.《条例》对建设工程各方主体违法行为的处罚力度如何？

1. 非常大　2. 比较大　3. 一般　4. 比较小　5. 非常小

16.《条例》赋予建设行政主管部门自由裁量的弹性程度如何？

1. 非常大　2. 比较大　3. 一般　4. 比较小　5. 非常小

17. 在对建设工程质量违法行为执法过程中，查处的违法主体违法次数从多到少的次序选择三个：

1. 建设单位　2. 勘察单位　3. 设计单位　4. 施工单位　5. 工程监理单位

6. 建设工程质量检测单位　7. 施工图审查机构

18. 您认为《条例》制定和实施存在的主要问题有哪些？（可多选）

1. 条例本身规定不健全；

2. 建设行政主管部门管理不到位；

3. 建设工程各方主体违法情况较多；

4. 相关各主体权责不明；

5. 其他：_____。

附属信息

本部分信息只用于数理统计使用，不会泄露您相关的任何信息，请谅解！

请问您所在单位为：＿＿＿＿＿＿＿＿＿＿

附件三　调查问卷数据表

《天津市建设工程质量管理条例》问卷统计			
序号	问卷编号	机构名称	数量
1	Z1001–Z1030	行政主管机关	30
2	Z2001–Z2050	人民法院	42
3	Z3001–Z3051	律师事务所	50
4	Z4001–Z4050	建设单位	50
5	Z5001–Z5033	监理单位	33
6	Z6001–Z6035	施工单位	35
7	Z7001–Z7008	勘察单位	8
8	Z8001–Z030	设计单位	30
9	Z9001–Z9007	施工图审查单位	7
10	Z0001–Z0004	建设工程质量检测单位	4

行政主管机关调查问卷数据表 1

编号	A1	A2	A3	A4a	A4b	A4c	A4d	A5	A6	A7	A8	A9	A10	A11	A12a	A12b	A12c	A12d	A13	A14	A15	A16	A17a	A17b	A17c	A18a	A18b	A18c	A18d
Z1001	2	1	1	1	1	1	1	2	2	1	1	2	3	2	2	2	3	3	2	3	2	3	4	6	1	0	0	0	1
Z1002	2	2	2	1	1	1	0	2	2	2	2	2	1	4	2	1	2	3	2	3	3	3	1	4	5	1	1	1	0
Z1003	1	1	1	1	1	1	1	2	2	1	1	1	1	1	1	1	1	1	1	1	1	1	1	4	5	1	1	1	1
Z1004	1	1	1	1	1	1	1	1	1	1	1	1	1	5	1	1	1	1	1	1	1	1	1	4	5	0	1	0	0
Z1005	2	2	1	1	1	1	1	2	2	1	1	2	2	2	2	2	2	2	2	2	2	1	4	5	6	0	0	0	1
Z1006	2	3	3	1	0	1	1	3	2	2	3	3	3	3	2	2	2	2	2	2	4	3	5	4	5	0	1	0	1
Z1007	2	3	3	1	1	1	1	2	2	2	3	2	2	4	2	2	4	2	2	2	3	3	4	1	5	0	1	0	0
Z1008	2	3	3	0	0	0	1	2	2	2	3	2	3	2	2	2	2	2	2	2	2	4	1	0	0	0	1	1	0
Z1009	2	2	2	1	0	1	1	2	2	2	2	2	2	2	2	2	2	3	2	2	2	2	3	3	4	0	1	1	0
Z1010	2	2	3	1	1	1	1	2	2	2	2	1	2	2	2	2	1	1	2	2	3	2	1	4	5	1	1	1	0
Z1011	1	1	1	0	1	0	0	2	2	2	2	2	2	2	2	2	2	2	2	2	3	2	2	4	5	1	0	1	0
Z1012	1	1	1	0	2	0	0	2	2	2	2	2	2	2	2	2	1	1	2	2	3	2	2	4	5	1	1	1	0
Z1013	1	1	1	0	1	0	0	2	2	2	2	1	2	2	2	2	1	1	2	2	3	2	2	4	5	1	0	1	0
z1014	1	1	1	0	1	0	0	2	2	2	2	1	2	2	2	2	1	1	2	2	3	2	2	4	5	1	0	1	0
Z1015	1	1	1	0	1	0	0	2	2	2	2	1	2	2	2	2	1	1	2	2	3	2	4	5	1	0	0	0	0
Z1016	1	2	3	1	1	1	1	2	1	1	1	1	1	2	1	1	1	1	2	2	3	2	6	0	0	1	0	0	1

行政主管机关调查问卷数据表 1

编号	A1	A2	A3	A4a	A4b	A4c	A4d	A5	A6	A7	A8	A9	A10	A11	A12a	A12b	A12c	A12d	A13	A14	A15	A16	A17a	A17b	A17c	A18a	A18b	A18c	A18d
Z1017	1	1	1	0	1	0	0	2	1	1	1	1	1	2	0	1	0	0	2	2	3	2	6	0	0	0	0	0	1
Z1018	1	1	1	0	1	0	0	2	1	1	1	1	1	2	1	1	1	1	2	2	3	2	6	0	0	0	0	1	0
Z1019	1	1	1	0	1	0	0	2	1	1	1	1	1	2	1	1	1	1	2	2	3	2	6	0	0	0	0	0	1
Z1020	1	2	3	1	1	0	0	2	1	1	1	1	1	2	1	1	1	1	2	2	3	6	0	0	0	0	0	0	1
Z1021	2	2	2	1	1	0	0	2	2	2	2	2	2	3	3	3	3	3	3	3	3	3	4	5	0	1	0	0	0
Z1022	2	2	2	1	1	1	0	2	2	2	2	2	2	4	2	2	2	2	2	2	2	2	1	4	5	0	0	0	0
Z1023	1	2	2	1	0	0	0	2	2	2	2	2	3	3	3	2	2	2	2	2	2	2	1	4	5	0	0	1	0
Z1024	2	3	3	1	1	1	1	2	2	2	2	3	2	3	2	2	2	2	3	4	4	3	1	6	4	1	0	1	0
Z1025	2	3	4	1	1	1	1	3	2	2	2	2	2	3	2	2	2	2	2	2	3	3	1	4	5	0	0	0	0
Z1026	1	1	1	1	1	1	1	2	4	1	1	1	1	5	1	1	1	1	1	1	1	2	1	4	5	0	0	0	0
Z1027	1	1	1	1	1	0	1	1	2	1	1	1	1	3	1	1	1	1	3	1	2	1	1	4	5	0	0	1	1
Z1029	3	1	1	1	1	0	1	2	2	2	2	2	2	4	1	2	2	2	2	4	2	3	4	5	1	0	0	0	1
Z1030	1	2	1	1	1	0	0	2	1	1	2	2	2	4	1	2	1	1	2	2	3	4	4	5	6	0	0	0	0
Z1031	3	4	4	1	0	1	1	3	3	3	2	3	2	4	3	3	3	3	3	3	3	3	2	5	0	1	3	0	0

177

人民法院调查问卷数据表 1

编号	A1	A2	A3	A4a	A4b	A4c	A4d	A5	A6	A7	A8	A9	A10	A11	A12	A13	A14a	A14b	A14c	A14d	A14e	A14f	A14g	A14h	A15	A16	B1
Z2001	4	3	3	0	1	0	1	3	3	2	3	3	3	4	3	1	0	0	0	0	0	0	0	0	3	3	1
Z2002	4	3	3	0	1	0	1	3	3	2	3	3	3	4	3	1	0	0	0	0	0	0	0	0	3	3	1
Z2003	3	3	4	1	0	0	0	3	3	3	3	4	4	3	3	1	0	0	1	0	0	0	0	0	3	3	1
Z2004	3	3	4	1	0	0	0	3	3	3	4	4	4	3	3	1	0	0	1	1	0	0	0	0	3	3	1
Z2007	3	3	4	1	0	0	1	3	3	3	2	2	3	3	3	1	0	0	1	1	0	0	0	0	3	3	1
Z2008	3	3	3	1	1	1	1	2	3	2	2	2	3	2	0	0	0	0	1	1	0	0	0	0	2	1	2
Z2009	5	3	4	1	0	0	0	0	3	3	3	4	4	4	3	5	3	0	0	0	0	0	0	0	4	3	1
Z2010	4	3	4	0	0	0	1	2	3	2	2	4	4	2	5	3	0	1	1	0	0	0	0	0	4	3	2
Z2011	3	3	3	0	1	1	0	3	2	3	3	1	2	3	3	2	1	0	1	0	0	0	0	0	3	3	1
Z2012	4	3	4	0	0	1	0	2	3	2	2	3	3	3	4	3	3	0	0	1	0	0	0	0	3	2	2
Z2013	4	4	4	0	0	0	1	3	3	3	1	3	2	3	3	3	1	0	1	0	0	0	1	0	3	3	1
Z2014	5	4	4	1	1	1	0	3	3	3	3	2	3	3	3	2	1	1	1	1	1	1	0	0	4	3	2
Z2015	5	5	5	0	0	1	1	3	3	3	3	3	3	3	3	3	1	1	1	1	1	1	0	0	5	4	1
Z2016	3	3	3	1	1	1	1	2	3	2	3	3	3	4	2	2	1	1	1	1	1	0	0	0	5	4	1
Z2017	3	4	4	1	0	0	0	2	2	3	2	2	4	3	2	2	2	0	0	1	1	0	0	0	3	3	1
Z2018	2	2	2	1	1	1	0	2	1	1	3	2	2	2	4	2	1	1	1	1	1	1	0	0	3	2	1

人民法院调查问卷数据表 2

编号	A1	A2	A3	A4a	A4b	A4c	A4d	A5	A6	A7	A8	A9	A10	A11	A12	A13	A14a	A14b	A14c	A14d	A14e	A14f	A14g	A14h	A15	A16	B1
Z2019	1	2	2	1	0	0	0	2	2	2	2	2	1	2	2	1	1	0	0	0	0	1	0	0	2	2	1
Z2020	3	2	2	1	1	1	1	2	2	2	2	2	1	2	2	3	0	0	0	0	0	0	1	1	2	2	1
Z2021	2	3	2	1	0	1	1	2	2	2	1	1	3	4	2	1	0	0	1	0	0	1	0	0	3	2	1
Z2022	2	3	3	1	0	0	1	3	3	3	2	2	2	4	3	1	0	0	1	1	1	0	0	1	4	2	1
Z2023	3	4	5	1	0	1	1	3	3	3	3	3	3	3	3	3	0	0	0	1	0	0	0	0	3	3	1
Z2024	3	2	3	0	0	0	1	3	3	3	3	3	3	3	3	1	0	0	0	1	1	0	0	0	3	3	1
Z2029	2	2	3	0	0	0	0	2	2	0	2	2	2	3	2	1	0	0	0	1	0	0	0	0	3	2	1
Z2031	3	4	4	1	0	0	0	3	2	3	3	3	3	3	4	1	0	0	1	1	1	0	0	0	3	2	1
Z2032	3	3	4	0	0	0	0	3	2	3	3	3	3	2	4	3	0	0	1	1	1	0	0	0	3	3	1
Z2033	3	3	3	1	0	0	0	2	2	2	2	2	2	3	2	1	1	0	0	1	0	0	0	0	3	3	1
Z2034	3	3	3	1	0	0	0	2	2	2	3	3	3	3	3	3	0	0	0	1	1	0	0	0	3	2	1
Z2035	5	4	4	0	0	0	1	3	3	3	3	3	5	3	5	0	1	0	0	0	1	0	0	0	3	3	1
Z2036	5	5	4	0	0	0	1	3	3	3	3	3	5	3	5	0	0	0	1	1	1	0	0	0	3	3	1
Z2037	2	2	2	1	1	1	1	2	1	1	1	1	1	4	1	1	1	1	1	0	1	1	0	0	2	1	1
Z2038	2	2	2	1	1	1	1	2	1	1	1	1	1	4	1	1	0	1	1	1	1	1	0	0	2	1	1

人民法院调查问卷数据表 3

编号	A1	A2	A3	A4a	A4b	A4c	A4d	A5	A6	A7	A8	A9	A10	A11	A12	A13	A14a	A14b	A14c	A14d	A14e	A14f	A14g	A14h	A15	A16	B1
Z2039	3	3	3	0	0	0	0	3	2	3	2	3	3	3	3	1	1	0	0	0	0	0	0	0	3	3	1
Z2040	3	3	3	0	0	0	0	2	2	3	3	3	3	3	2	1	0	0	0	0	0	0	0	0	3	3	1
Z2041	3	3	3	0	1	1	0	3	3	3	3	3	3	3	3	1	0	0	1	1	0	0	0	0	3	3	2
Z2042	3	3	3	1	1	0	0	3	3	3	2	3	3	3	3	1	0	0	1	1	1	1	1	0	3	3	2
Z2043	3	3	3	1	1	1	1	2	1	1	2	2	2	3	2	1	0	0	0	0	0	0	0	0	3	2	2
Z2044	4	4	5	1	0	0	1	2	2	2	2	2	2	3	3	1	1	0	1	1	1	0	0	0	3	2	2
Z2045	5	4	4	0	0	1	0	2	2	2	3	3	3	3	2	1	0	0	1	1	0	0	0	0	3	2	2
Z2047	2	2	2	1	1	1	1	2	2	2	2	2	2	2	2	1	0	0	1	1	0	0	0	0	2	2	3
Z2048	2	2	2	0	1	1	0	2	2	2	2	2	2	3	2	1	0	0	1	1	0	0	0	0	2	2	3
Z2049	2	2	2	0	1	0	0	2	2	2	2	2	2	2	2	1	1	1	1	1	0	0	1	0	2	2	3
Z2050	3	5	4	1	1	1	1	2	2	1	1	1	1	1	2	1	1	1	1	1	1	1	1	1	2	2	1

律师调查问卷数据表 1

编号	A1	A2	A3	A4a	A4b	A4c	A4d	A5	A6	A7	A8	A9	A10	A11	A12	A13	A14a	A14b	A14c	A14d	A14e	A14f	A14g	A14h	A15	A16
Z3001																										
Z3002	2	3	3	0	1	0	1	2	2	2	3	2	3	2	2	1	0	0	1	0	1	0	0	0	3	2
Z3003	3	3	3	1	1	1	1	2	1	2	2	3	3	3	2	1	0	1	1	1	1	0	1	0	3	2
Z3004	4	3	3	0	1	0	0	2	2	2	2	2	2	2	2	1	0	0	0	1	1	0	0	0	3	2
Z3005	2	2	3	1	0	0	0	3	3	3	3	3	3	3	3	1	1	0	1	1	1	0	0	0	3	3
Z3006	4	4	0	0	0	0	1	3	2	3	4	3	4	3	3	1	0	0	0	4	0	0	0	0	3	3
Z3007	4	3	3	0	1	0	0	3	3	2	3	3	3	3	3	1	0	0	1	1	1	0	0	0	3	3
Z3008	3	3	4	1	0	0	1	3	3	3	3	3	3	2	3	1	0	0	0	1	0	0	0	0	4	3
Z3009	3	4	4	0	1	0	0	2	1	2	4	4	4	3	2	1	0	0	0	0	1	0	0	0	3	2
Z3010	2	1	2	1	1	1	0	3	2	3	1	1	2	3	1	1	1	0	0	1	0	0	0	1	3	3
Z3011	2	4	4	0	0	0	0	3	2	3	3	3	3	4	3	1	0	0	1	0	1	0	0	1	4	3
Z3012	3	3	3	0	0	1	1	4	2	3	4	4	4	4	3	1	1	0	0	1	0	0	0	0	4	3
Z3013	3	4	4	1	1	0	0	2	2	2	2	4	4	4	3	1	1	1	0	1	0	0	0	0	3	3
Z3014	5	5	5	1	0	0	0	2	2	2	2	2	3	3	2	1	0	1	1	1	0	0	0	0	3	3
Z3015	3	5	5	1	0	0	1	3	3	2	3	3	4	4	3	1	1	1	0	1	1	0	1	0	4	3
Z3016	3	5	4	1	1	0	1	4	2	2	2	2	3	2	2	1	0	0	1	1	1	0	0	0	3	2
Z3017	2	5	5	1	0	0	1	3	2	2	2	3	3	2	3	1	0	1	1	1	1	0	1	0	3	2
Z3018	3	4	4	0	1	0	1	3	2	2	3	3	2	3	3	1	0	1	1	1	0	0	0	1	4	3

181

律师调查问卷数据表 2

编号	A1	A2	A3	A4a	A4b	A4c	A4d	A5	A6	A7	A8	A9	A10	A11	A12	A13	A14a	A14b	A14c	A14d	A14e	A14f	A14g	A14h	A15	A16
Z3019	3	4	4	0	0	0	1	4	3	2	4	3	4	3	4	1	0	0	0	0	1	0	0	0	4	3
Z3020	4	5	5	0	0	0	0	4	3	3	3	4	4	3	3	1	0	0	0	0	0	0	0	0	3	3
Z3021	3	3	3	1	1	0	1	2	2	2	2	2	3	3	3	1	1	0	0	1	1	1	0	0	3	2
Z3022	5	3	4	0	0	0	0	3	3	3	4	2	4	2	3	1	0	1	1	1	0	1	0	1	3	5
Z3023	3	3	3	1	0	0	0	2	2	2	2	3	3	2	2	1	0	0	0	0	0	0	0	0	2	3
Z3024	3	4	3	0	1	1	0	3	2	3	3	2	3	3	3	2	0	0	1	1	1	0	0	0	2	3
Z3025	3	4	4	1	1	0	1	3	3	3	2	2	3	3	3	1	1	1	1	0	1	0	0	0	3	3
Z3026	2	3	4	1	0	0	0	1	2	1	2	2	2	3	1	1	0	0	1	1	0	0	0	0	2	1
Z3027	2	2	3	1	1	1	1	1	2	2	2	2	1	4	1	1	1	1	1	0	1	0	0	0	1	1
Z3028	2	2	2	1	1	1	0	2	3	2	2	2	3	3	2	1	1	1	1	1	1	1	0	0	2	3
Z3029	2	1	2	1	0	0	1	2	2	2	2	2	2	3	1	1	0	0	1	0	1	0	0	0	2	2
Z3030	1	2	2	0	1	0	1	3	3	2	2	2	3	3	2	1	1	1	0	1	1	0	1	0	2	2
Z3031	1	3	2	1	0	1	1	2	1	2	2	3	3	4	3	1	1	0	0	1	1	0	0	0	2	2
Z3032	2	3	3	0	1	0	0	3	3	2	3	2	3	3	3	1	0	1	0	1	0	0	1	0	3	2
Z3033	2	2	3	0	0	0	1	2	3	3	4	3	3	3	3	1	0	0	1	0	0	0	1	0	3	3
Z3034	2	2	4	0	1	1	1	2	1	2	4	4	4	4	4	2	0	0	0	1	0	0	0	0	3	2
Z3035	3	4	4	1	0	1	0	2	3	3	3	3	3	3	2	1	1	1	1	1	0	0	0	0	3	3
Z3036	3	3	3	1	0	0	1	3	1	2	2	3	3	3	3	1	1	1	0	0	0	0	0	0	2	2
Z3037	2	3	3	0	0	1	1	2	1	2	2	2	2	4	2	1	0	1	1	0	1	0	0	0	3	3

律师调查问卷数据表 3

编号	A1	A2	A3	A4a	A4b	A4c	A4d	A5	A6	A7	A8	A9	A10	A11	A12	A13	A14a	A14b	A14c	A14d	A14e	A14f	A14g	A14h	A15	A16
Z3038	1	3	4	1	1	0	0	3	2	3	3	4	3	3	3	1	0	1	0	0	0	0	0	0	4	3
Z3039	1	2	3	1	1	1	1	2	1	2	4	4	3	4	3	1	1	0	0	0	0	0	0	0	3	3
Z3040	2	2	2	0	1	0	1	3	3	3	4	3	4	3	3	1	0	0	1	0	0	0	0	0	4	3
Z3041	2	4	4	1	0	0	0	1	1	2	3	2	2	4	2	2	1	1	0	1	1	0	0	0	4	2
Z3042	3	3	3	0	0	1	1	2	2	3	3	3	3	3	3	1	0	0	1	0	0	0	1	0	4	3
Z3043	2	3	4	0	1	0	1	1	2	2	2	2	2	4	2	1	1	0	0	0	0	0	0	0	4	3
Z3044	2	3	3	0	0	1	1	2	1	2	3	3	3	3	3	3	0	0	0	1	1	0	0	0	2	2
Z3045	2	2	2	0	1	0	0	1	2	3	3	4	4	3	3	1	0	0	1	0	1	0	0	0	3	3
Z3046	1	2	2	1	0	1	0	3	3	3	4	3	3	3	3	3	0	0	1	1	0	0	0	0	4	3
Z3047	2	3	3	0	1	0	1	3	2	2	3	3	4	3	2	1	0	0	0	1	0	0	0	0	3	3
Z3048	2	2	4	1	1	1	1	2	2	3	3	4	2	4	2	3	0	0	1	1	0	0	0	0	3	2
Z3049	2	3	4	0	0	0	0	3	3	2	3	2	3	3	3	1	0	0	0	1	1	0	0	0	3	3
Z3050	3	3	3	0	0	1	1	3	3	3	3	3	3	3	3	1	0	0	1	0	0	0	0	0	2	3
Z3051	2	5	4	1	0	1	0	3	3	2	3	3	3	2	3	1	1	1	1	1	1	1	1	1	3	3

建设单位调查问卷数据表 1

编号	A1	A2	A3	A4a	A4b	A4c	A4d	A5	A6	A7	A8	A9	A10	A11	A12	A13a	A13b	A13c	A13d	A14	A15	A16	A17	A18	A19	A20
Z4001	3	54	1	1	1	1	1	2	2	1	1	1	1		2	1	1	1	1	2	2	2	2	1	2	1
Z4002	2	3	3	1	1	1	1	2	2	2	2	2	3	3		1	1	1	1	3	3	3	3	4	2	1
Z4003	1	2	3	1	0	1	1	1	2	1	2	1	2	3		1	1	1	1	2	2	1	1	2	2	1
Z4004	2	2	3	1	1	1	1	3	2	2	2	1	2	3	2	1	0	1	1	2	2	2	2	3	3	2
Z4005	2	2	3	1	1	0	1	2	2	1		2	2	3	2	1	1	1	1	2	2	1	1	1	1	1
Z4006	2	2	3	1	0	0	1	2	2	1	2	2	3	3	2	1	1	1	1	2	3	3	3	2	2	2
Z4007	2	3	2	1	1	1	0	3	2	3	2	3	2	2	3	1	1	0	0	3	3	2	1	2	2	3
Z4008	2	3	2	1	1	1	0	2	2	3	2	3	3	1	3	1	0	1	0	2	2	3	2	3	3	2
Z4009	2	3	2	1	1	0	0	3	2	3	2	3	2	2	3	1	1	0	0	3	2	2	2	2	2	3
Z4010	2	3	2	1	1	0	0	3	2	3	2	3	2	2	3	1	1	1	0	3	3	3	3	3	3	3
Z4011	2	3	2	1	1	1	0	3	3	3	2	3	3	2	3	0	0	0	1	3	2	3	2	3	2	3
Z4012	2	3	2	1	1	1	0	2	3	3	2	3	3	2	3	1	1	1	1	3	2	3	2	3	2	3
Z4013	2	3	2	1	1	1	0	2	2	2	3	3	3	2	3	1	0	0	1	3	2	3	2	3	2	3
Z4014	4	4	3	1	0	1	0	3	3	3	4	3	3	2	2	1	1	1	0	3	2	2	2	4	2	3
Z4015	1	4	3	0	0	1	1	2	2	2	2	2	3	2	2	1	0	1	1	5	2	2	3	3	1	2
Z4016	2	3	3	1	0	1	1	3	2	2	3	2	2	2		1	1	0	1	2	1	1	1	1	1	2
Z4017	3	3	3	1	1	1	0	2	3	2	2	2	2	2	2	1	1	1	1	2	2	2	3	3	1	2
Z4018	2	2	3	1	0	0	1	3	2	3	2	3	2	1	3	1	0	1	0	3	2	2	3	2	2	3

建设单位调查问卷数据表 2

编号	A1	A2	A3	A4a	A4b	A4c	A4d	A5	A6	A7	A8	A9	A10	A11	A12	A13a	A13b	A13c	A13d	A14	A15	A16	A17	A18	A19	A20
Z4019	4	3	3	1	0	0	1	3	2	2	3	3	2	3	2	1	0	0	1	2	2	2	2	2	2	2
Z4020	3	3	3	0	1	1	0	2	3	2	2	3	3	3	3	1	1	1	1	2	2	2	2	2	2	3
Z4021	2	2	3	1	1	1	1	2	2	1	2	2	2	0	2	1	1	1	1	2	2	1	2	2	1	2
Z4022	2	2	3	1	0	0	0	2	2	2	1	1	2	2	2	1	0	1	1	2	3	2	2	1	2	2
Z4023	2	3	2	1	1	1	1	2	3	3	3	2	2	3	3	0	0	1	0	3	3	3	3	3	3	3
Z4024	2	3	2	1	0	1	0	2	2	3	2	3	2	2	3	1	0	1	1	4	3	2	3	4	3	3
Z4025	2	2	1	1	0	1	1	2	2	2	1	1	2	1	2	1	0	0	1	2	2	2	1	1	1	2
Z4026	2	2	3	0	0	0	1	2	2	2	2	2	2	2	2	0	1	1	0	2	2	1	2	2	1	2
Z4027	1	2	2	1	1	1	0	5	2	3	2	2	3	2	3	0	0	1	1	2	2	3	2	2	3	4
Z4028	3	3	4	1	0	0	0	3	2	4	4	3	2	1	2	1	1	1	0	4	5	3	4	3	2	2
Z4029	3	3	3	1	0	1	0	2	2	2	2	2	2	3	2	1	0	1	1	2	2	2	2	2	2	2
Z4030	3	3	3	1	1	0	1	3	2	2	2	2	2	2	2	1	0	0	0	2	2	2	2	2	2	1
Z4031	2	2	2	0	0	1	0	2	2	2	2	3	3	3	2	1	1	1	1	2	2	2	2	1	1	3
Z4032	2	2	2	1	1	1	1	2	2	2	2	2	3	1	3	0	1	0	0	4	3	2	3	2	2	2
Z4033	3	5	4	1	0	1	1	4	3	2	2	2	3	1	2	1	0	1	0	2	2	2	2	2	2	2
Z4034	3	2	3	1	0	0	1	2	2	2	2	2	1	1	2	0	1	1	1	2	3	3	2	2	2	3
Z4035	2	1	2	0	1	0	1	2	1	2	2	1	2	2	2	1	1	1	1	3	2	3	2	3	2	3
Z4036	4	3	3	0	0	0	1	2	2	2	3	3	3	2	3	2	1	1	0	5	4	3	4	1	1	4
Z4037	5	3	4	0	0	0	1	2	2	2	3	3	3	2	3	2	1	1	0	5	4	3	4	1	1	4

建设单位调查问卷数据表 3

编号	A1	A2	A3	A4a	A4b	A4c	A4d	A5	A6	A7	A8	A9	A10	A11	A12	A13a	A13b	A13c	A13d	A14	A15	A16	A17	A18	A19	A20
Z4038	3			1				2	2	2	2	2	2	1	2	1	0	1	0	2	2	2	2	2	2	2
Z4039	4	5	5	0	0	0	0	3	3	3	2	3	3	1	3	1	1	0	0	3	3	3	2	3	3	2
Z4040	1	3	3	0	1	0	0	3	2	2	3	3	3	1	4	0	1	1	0		3	2	3			
Z4041	2	3	3	0	1	0	1		2	2	3	3	3	1	4	0	0	1	0	3	3	3	3	3	3	3
Z4042	3	3	4	1	0	0	1	2	2	2	4	4	4	1	4					4	4	4	4	3	3	4
Z4043	2	3	3	1	1	1	1		2	1	2	2	2	1	2	1	1	1	0	2	2	2	2	2	2	2
Z4044	3	3	3	1	1	1	1	2	2	2	3	3	2	3	3	1	0	1	1	3	2	2	2	2	2	2
Z4045	3	3	3	1	1	1	1	2	2	2	2	2	2	1	2	1	1	0	0	2	2	2	2	2	2	2
Z4046	2	2	2	1	1	1	0	1	2	2	2	2	2	2	2	1	0	0	1	2	3	3	3	3	3	3
Z4047	3	3	3	1	0	0	1	2	3	3	3	3	3	3	3	1	0	0	1	3	3	3	3	3	3	3
Z4048	3	3	3	1	1	0	1		3	3	3	3	3	2	3	1	0	1	1	3	3	3	3	3	3	3
Z4049	3	3	3	1	1	1	1	2	2	3	3	3	3	2	2	1	1	0	1	3	2	2	3	3	2	3
Z4050	3	3	3	0	1	0	3	2	2	2	2	2	2	1	2	1	1	1	1	2	2	2	2	2	2	2

建设单位调查问卷数据表 4

编号	A21a	A21b	A21c	A21d	A21e	A21f	A21g	A21h	A22a	A22b	A22c	A22d	A22e	A22f	A22g	A23	A24	A25	A26	A27	A28a	A28b	A28c	A28d	A28e	B1	B2
Z4001	1	2	3	4	5	6	7	8	1	1	1	1	1	1	1	2	2	1	1	1	2	2	2	1	1	3	
Z4002	4	5	1	2	3				0	1	1	1	0	1	1	3	4	3	2	2	2	2	2	2	2	1	4
Z4003	1	2	3	4	5	6	7	8	1	1	1	1	1	1	1	2	1	1	1	1	1	1	2	1	2	1	4
Z4004	1	2	3	4	5	6	7	8	1	1	1	1	1	1	1	2	2	1	2	2	1	3	2	2	2	3	4
Z4005	1	2	3	4	5	6	7	8	1	1	1	1	1	1	1	2	1	1	1	1	1	1	2	1	1	3	4
Z4006	1	2	3	4	5	6	7	8	1	1	1	1	1	1	1	2	1	2	1	1	1	2	1	1	2		
Z4007	1	4	4						1	0	0	1	0	0	0	3	2	2	2	1	2	2	3	3	3	3	2
Z4008	1	3	4	5					0	1	1	1	1	0	0	2	2	2	1	1	2	2	2	1	2	1	3
Z4009	1	4	5						0	1	1	0	0	0	0	3	2	2	2	1	2	2	3	3	3	1	3
Z4010	1	3	4						1	1	1	1	0	0	0	3	2	2	2	1	2	2	3	3	3	2	3
Z4011	1	2	3	4					1	1	1	0	0	0	0	3	2	2	2	1	2	3	2	3	3	3	2
Z4012	2	3	4						1	1	1	1	0	0	0	2	3	2	2	2	2	2	3	3	3	2	2
Z4013	2	3							0	1	1	0	0	0	0	3	2	3	1	2	2	2	2	2	3	2	2
Z4014	2	3	4					1	0	1	0	1	0	0	0	3	3	3	2	2	2	2	3	2	2	2	2
Z4015	8	7	6	5	4	3	2		0	0	0	1	0	1	1	3	4	2	1	1	2	3	2	2	2	1	4
Z4016	1	3	4	5	6	7			0	0	1	1	1	1	1	2	3	2	1	1	1	2	2	1	1	4	3
Z4017	1	2	3	4	5	6	7	8	1	1	1	1	1	1	1	2	2	3	2	2	1	1	1	1	1	3	4

建设单位调查问卷数据表 5

编号	A21a	A21b	A21c	A21d	A21e	A21f	A21g	A21h	A22a	A22b	A22c	A22d	A22e	A22f	A22g	A23	A24	A25	A26	A27	A28a	A28b	A28c	A28d	A28e	B1	B2
Z4018	1	2	4						1	1	0	1	0	0	1	2	3	3	1	1	1	2	1	3	1		2
Z4019	1	4	5	6	7	8			1	1	1	1	1	1	1	2	2	3	1	1	2	2	2	2	2	4	1
Z4020	8	6	5	4	1				0	1	1	1	0	0	1	2	3	2	1	1	1	2	2	2	1		
Z4021	1	2	3	4	5	6	7	8	1	1	1	1	1	1	1	2	1	1	1	1	2	2	2	1	1	4	2
Z4022	1	2	3	4	5				1	1	1	1	1	0	1	2	2	1	2	2	1	2	3	1	1	1	2
Z4023	6	8	2	5	1	4			1	0	1	1	1	1	1	2	3	3	1	1	2	1	3	2	3		
Z4024	2	5							0	0	0	1	1	0	0	1	1	2	2	1	1	3	2	1	1		
Z4025	1	4	3	6	5				0	1	1	1	0	1	0	2	2	2	1	1	1	1	2	2	1		3
Z4026	1	2	3	5	4	6			0	0	0	1	0	0	0	0	1	1	1	1	1	2	2	1	1		4
Z4027	2	4							1	1	1	1	1	1	0	3	3	3	3	1	2	2	2	2	2	2	3
Z4028	1	2	3	4	5	6	7	8	0	0	0	1	0	0	0	2	2	1	1	1	1	1	2	2	2	1	3
Z4029	1	2	3	4	5	6	7	8	0	1	1	1	1	0	0	2	2	2	2	1	2	2	2	2	2	1	4
Z4030	4	5	6	5					1	1	0	0	0	0	0	2	2	2	1	1	3	3	2	2	2	3	3
Z4031	1	2	3	4	5	6			0	1	1	1	1	0	0	2	2	2	2	1	2	2	2	2	2	1	4
Z4032	2	3	4	5					0	1	1	1	1	0	0	4	4	3	1	1	2	2	2	2	2	3	4
Z4033	3	4	6						1	1	1	1	0	0	1	3	2	2	1	1	1	2	2	2	2	1	4
Z4034	1	2	3	4	5				1	1	1	1	1	1	1	3	2	1	1	2	2	2	2	2	2	1	4

建设单位调查问卷数据表 6

编号	A21a	A21b	A21c	A21d	A21e	A21f	A21g	A21h	A22a	A22b	A22c	A22d	A22e	A22f	A22g	A23	A24	A25	A26	A27	A28a	A28b	A28c	A28d	A28e	B1	B2
Z4035	3	4	5	6					1	0	1	1	1	0	0	2	3	1	1	1	1	1	1	1	1	1	4
Z4036	1	3	4	5	6	7			1	1	1	1	1	1	1	2	3	1	1	2	2	2	2	2	2	1	4
Z4037	1	2	3	4	5	7			1	1	1	1	1	1	1	2	4	2	1	1	1	1	1	2	2	1	4
Z4038	1	2	3	4	5	6	7	8	0	0	0	0	1	0	0	2	2	2	2	1	2	2	2	2	2		
Z4039	1	2	3	4	5	6			1	1	1	1	1	1	1	3	3	2	2	1	1	2	2	3	2	1	4
Z4040	1	2	3	4	7				1	1	1	1	1	1	1	4	5	2	2	2	3	3	3	3	3	1	4
Z4041	1	2	3	4	5			6	1	1	1	1	1	1	1	5	5	3	1	2	3	3	5	3	3	1	4
Z4042	5	4	3	2	1	8	7	8	0	0	0	0	0	1	1	4	5	2	1	1	3	5	5	1	1		
Z4043	1	2	3	4	5	6	7		1	1	1	1	1	1	1	2	3	2	1	1	2	2	2	2	2	1	4
Z4044	1	4	5	8					0	0	0	1	0	1	1	2	2	2	1	1	2	2	2	2	2	1	4
Z4045	2	4	5	6	8				1	1	1	1	1	0	0	2	2	3	2	1	2	2	2	2	2	1	4
Z4046	3	4	5						1	0	1	1	1	0	0	2	3	3	2	2	3	3	3	3	3	1	4
Z4047	4	5	6					8	0	0	0	0	0	1	0	3	3	3	3	1	3	3	3	3	3	1	4
Z4048	1	2	3	4	5	6	7		1	1	1	1	1	1	1	3	2	2	1	1	3	3	2	2	2	1	4
Z4049	1	2	3	4	5	6	7	8	1	1	0	1	0	1	1	2	2	2	1	1	2	2	2	1	2	1	4
Z4050	1								1	0	0	0	0	0	1	2	2	2	1	1	2	3	2	3	2	1	4

工程监理单位调查问卷数据表 1

编号	A1	A2	A3	A4a	A4b	A4c	A4d	A5	A6	A7	A8	A9	A10	A11	A12	A13a	A13b	A13c	A13d	A14	A15	A16	A17
Z5001	3	4	2	1	1	1	1	3	3	3	3	3	3	2	3	1	1	1	1	3	3	3	3
Z5002	2	2	3	1	1	1	0	2	2	2	2	2	1	3	1	1	0	0	0	2	2	1	2
Z5003	3	4	4	1	1	1	1	2	2	2	1	2	1	3	1	1	1	1	1	1	1	1	1
Z5004	1	1	1	1	0	1	1	2	2	2	2	2	2	3	2	1	0	1	1	2	1	1	1
Z5005	4	3	4	1	0	0	0	3	4	3	3	3	3	2	4	1	0	1	1	5	3	5	4
Z5006	4	3	4	0	0	1	1	2	2	2	3	2	3	3	3	1	0	1	0	2	3	2	2
Z5007	2	4	3	1	1	1	1	2	2	1	2	2	1	3	2	1	1	0	2	1	2	1	1
Z5008	4	3	4	0	0	1	0	2	2	3	3	2	4	1	3	1	0	0	0	3	3	2	2
Z5009	3	3	2	1	1	0	0	2	2	2	2	5	2	2	2	0	1	1	1	3	2	2	2
Z5010	5	5	4	0	0	1	1	3	2	3	5	3	4	2	4	1	0	0	1	5	4	5	5
Z5011	3	3	4	1	0	1	0	3	2	2	2	2	2	3	2	1	0	1	1	2	1	1	1
Z5012	1	2	2	1	0	1	1	1	1	1	2	1	2	2	2	1	0	1	1	3	1	3	2
Z5013	2	2	3	1	1	1	1	1	1	2	2	2	2	3	2	1	1	1	1	3	1	2	2
Z5014	2	2	3	1	1	1	1	2	2	3	2	3	3	2	2	1	1	1	1	2	2	2	2
Z5015	2	4	4	0	1	1	0	2	2	3	2	2	2	2	2	1	1	1	0	2	2	1	2
Z5016	2	4	4	0	0	1	0	3	3	3	2	3	2	3	2	1	1	1	0	2	2	2	2
Z5017	3	4	4	0	0	1	0	2	5	3	4	4	4	2	3	0	1	1	0	4	4	3	3

工程监理单位调查问卷数据表 2

编号	A1	A2	A3	A4a	A4b	A4c	A4d	A5	A6	A7	A8	A9	A10	A11	A12	A13a	A13b	A13c	A13d	A14	A15	A16	A17
Z5018	2	3	2					2	3	2	1	2	2	3	2	1	1	1	0	1	2	2	2
Z5019	2	3	2	0	1	1	1	2	1	2	1	2	2	3	2	1	1	0	0	2	2	2	2
Z5020	4	4	4	1	0	0	0	2	3	4	4	4	4	1	3	1	1	0	0	4	4	4	3
Z5021	3	2	4	0	1	0	1	3	3	2	2	3	3	2	3	1	0	1	0	3	3	3	2
Z5022	3	3	3	0	0	1	0	3	3	3	3	3	3	2	3	1	1	1	0	3	3	3	3
Z5023	4	4	5					3	3	3	2	3	3	3	3	3	0	1	0	3	3	2	3
Z5024	3	3	3	1	0	0	0	2	2	2	3	3	3	2	2	1	0	0	0	3	2	2	2
Z5025	2	2	2	0	0	0	1	3	1	3	2	3	3		3	1	0	1	0	5	1	3	2
Z5026	3	4	4	0	0	0	0	2	2	2	3	3	2	1	3	0	1	0	0	3	1	1	2
Z5027	2	3	2	1	0	1	1	3	3	2	2	3	3	2	3	1	0	0	0	2	3	3	3
Z5028	4	4	4	0	0	1	0	2	2	2	3	3	3	1	4	1	1	0	0	4	2	3	3
Z5029	1	1	1	1	1	0	1	1	2	1	2	1	3	1	1	1	1	1	0	1	1	2	2
Z5030	1	2	2	1	1	1	1	2	2	2	2	2	1		2	2	1	0	1	3	2	4	2
Z5031	2	3	2	0	0	1	0	2	2	2	1	2	2	1	2	1	0	1	1	2	2	2	3
Z5032	2	3	2	0	0	1	0	2	2	2	2	2	2	3	2	0	0	0	0	2	2	2	2
Z5033	2	2	2	0	1	1	0	2	2	3	2	3	2	3	3	0	1	1	0	3	2	3	2

191

工程监理单位调查问卷数据表 3

编号	A18	A19	A20	A21a	A21b	A21c	A21d	A21e	A21f	A21h	A21i	A22	A23	A24	A25	A26	A27a	A27b	A27c	A27d	B1
Z5001	3	3	3	2	4	5	8					3	3	3	1	1	3	3	3	3	1
Z5002	2	2	2	1	2	3	4	5	6	7	8	2	3	1	1	1	2	2	2	2	1
Z5003	1	2	2	1	2	3	4	5	6	7	8	2	2	1	1	1	1	1	1	1	3
Z5004	1	1	1	1	2	3	4	5	6	7	8	1	2	1	1	2	1	1	1	1	3
Z5005	4	2	4	4	5	8						3	3	3	2	1					1
Z5006	4	2	2	3	4	5	1	2				2	2	3	1	2	1	1	1	1	2
Z5007	2	1	3	8	6	5	7	3	2	1	4	2	3	2	2	2	2	1	1	1	4
Z5008	2	3	4	4	5	1	2	3	6	7	8	4	4	3	1	1	3	2	1	1	3
Z5009	2	2	2	2	3	4	5	6				2	2	2	1	2	2	2	2	5	4
Z5010	5	5	5	1	3	5						4	5	3	2	2	5	5	4	1	4
Z5011	2	1	2	1	2	3	4	5	6	7	8	1	2	2	1	1	1	1	1	1	4
Z5012	1	2	3	1	2	3	4	5	6	7	8	2	2	3	1	1	3	3	2	1	3
Z5013	1	2	2	1	2	3	4	5	6	7	8	1	2	1	1	1	2	2	1	1	
Z5014	2	2	1	1	2	3	4					1	2	2	1	1	2	1	1	1	
Z5015	4	2	3	4	5	8						2	2	2	1	1		2	1		3
Z5016	4	2	2	4	5	8						2	2	2	1	1		2	2	2	3
Z5017	4	3	4	4	8							2	2	2	1	1			2	2	1

工程监理单位调查问卷数据表 4

编号	A18	A19	A20	A21a	A21b	A21c	A21d	A21e	A21f	A21h	A21i	A22	A23	A24	A25	A26	A27a	A27b	A27c	A27d	B1
Z5018	4	2	2	4	5	8						2	2	2	1	1			1	1	3
Z5019	2	2	2	4	5	8						2	1	2	1	1		1	1	1	3
Z5020	4	4	4	4	5							3	2	2	1	1		4		2	1
Z5021	4	2	3	1	4	5						3	2	2	1	1	2	2	2	2	2
Z5022	3	3	3	1	4	5						2	2	3	1	1	3	1	2	2	1
Z5023	1	2	2	1	3							2	1	2	2	1	2	3	1	2	3
Z5024	3	1	2	1	2	3	4	5	6	8		2	2	2	1	1	3	2	3	1	2
Z5025	2	3	3	1	2	3	7	4	6	5	8	2	2	1	2	1	3	2	2	2	3
Z5026	3	3	3	1	2	3	4	5	6	7	8	2	2	3	1	1	2	1	1	2	
Z5027	3	3	3	5	6	8	2	4				3	3	3	1	2	1	3	3	1	
Z5028	3	3	3	3	2		5	6				1	1	3	2	1	3	2	1	3	1
Z5029	1	2	2	1	2	4	4	5	6			1	2	2	1	1	1	2	3	1	3
Z5030	2	2	3	1	2	3	5	6	7	8		2	2	1	1	1	4	2	3	3	3
Z5031	3	2	3	2	3	4	4	5				2	2	2	2	1	2	2	2	2	2
Z5032	2	2	2	8	6	1	4					2	2	3	1	1	2	2	2	2	1
Z5033	2	2	2	3	4	5	8	1				3	3	1	1	2	2	2	2	2	2

施工单位调查问卷数据表 1

编号	A1	A2	A3	A4a	A4b	A4c	A4d	A5	A6	A7	A8	A9	A10	A11	A12	A13a	A13b	A13c	A13d	A14	A15	A16	A17	A18	A19	A20	A21a	A21b	A21c	A21d	A21e
Z6001	2	3	3	0	0	0	1	2	2	2	2	2	2	3	3	1	0	1	1	3	2	1	2	2	2	1	2	3	7	4	5
Z6002	2	2	2	0	1	1	0	2	2	3	3	3	2	2	3	1	0	1	0	3	3	3	2	2	2	3	3	4	5	4	
Z6003	1	2	1	1	0	0	0	2	2	1	1	1	1	2	3	1	0	0	0	2	2	3	1	1	2	2	3	4	6	4	
Z6004	2	2	1	1	1	1	0	2	3	1	1	1	1	2	2	1	0	0	0	2	2	1	1	3	2	1	2	3	4	4	
Z6005	4	5	5	1	0	0	0	3	3	3	1	1	2	2	5	0	0	0	1	5	5	4	4	2	4	4	3	4	5	4	
Z6006	1	1	1	1	1	1	1	3	1	1	1	1	1	3	2	1	0	0	1	1	1	1	1	1	1	1	1	2	3	4	5
Z6007	1	2	2	1	1	1	0	1	1	1	1	2	2	3	2	1	1	1	1	2	2	2	2	2	2	2	1	2	3	4	5
Z6008	2	3	3	1	0	0	0	2	1	2	3	3	2	2	2	1	1	1	1	2	2	2	2	2	1	3	1	2	3	4	5
Z6009	2	2	3	1	1	1	1	2	2	2	2	2	3	1	3	1	1	1	1	2	2	2	3	2	2	3	3	4		4	
Z6010	2	2	2	1	1	1	1	3	1	1	2	2	3	2	2	0	0	0	0	2	1	1	2	1	1	1	1	2	3	4	5
Z6011	1	1	2	0	0	0	1	1	2	1	1	1	1	1	2	1	1	1	1	2	2	1	2	2	2	2	1	7	8	4	
Z6012	2	2	3	1	1	1	0	2	2	3	2	2	2	3	2	1	1	0	0	2	2	3	2	2	3	3	1	2	3	4	
Z6013	3	3	4	1	1	1	0	2	2	3	3	3	2	2	2	1	0	0	0	2	3	2	2	4	2	4	1	2	4	4	
Z6014	3	4	4	0	0	0	0	4	3	3	3	3	3	3	3	1	0	0	1	4	2	2	2	2	2	2	1	2	3	4	5
Z6015	2	5	5	0	0	0	0	3	3	2	2	2	2	3	3					3	2	1	2	2	2	2	8	6	7		
Z6016	2	2	2	1	1	1	1	2	2	2	2	2	2	2	2	1	1	1	1	2	2	1	2	2	2	2	1	2	3	4	5
Z6017	1	3	3	1	1	1	1	2	2	2	2	2	2	2	2	1	1	1	0	3	3	2	2	2	2	2	1	2	3	4	5

施工单位调查问卷数据表 2

编号	A1	A2	A3	A4a	A4b	A4c	A4d	A5	A6	A7	A8	A9	A10	A11	A12	A13a	A13b	A13c	A13d	A14	A15	A16	A17	A18	A19	A20	A21a	A21b	A21c	A21d	A21e
Z6018	2	2	3	1	1	1	1	2	2	3	1	1	2	3	2	1	1	1	0	2	3	4	3	3	2	2	1	2	3	4	5
Z6019	5	4	3	1	1	1	1	4	2	2	3	3	4	2	2	1	0	1	0	3	4	3	4	3	2	2	3	5	5	6	
Z6020	3	3	3	0	0	1	1	1	2	2	2	2	2	3		1	1	1	1	2	3	3	2	2	2	2	3	4	5	6	
Z6021	4	3	3	1	0	0	1	2	2	3	2	2	3	1	2	1	0	0	0	3	2	3	2	3	2	2	3	5	6	8	
Z6022	2	1	1	1	1	1	0	1	1	1	1	1	1	1	1	0	1	1	1	1	1	1	1	1	1	1	3				
Z6023	4	3	4	1	1	1	0	2	3	2	2	2	3	3		2	1	1	0	2	3	3	3	2	3	3	1	2	2	5	
Z6024	3	3		0	1	1	1	3	3	4	4	4	3		3	3	1	0	0	3	3	4	3	3	3	3	1				
Z6025	5	5	5	0	0	0	1	3	3	4	4	4	3		4	1	0	0	0	5	4	4	4	4	3	4	3				
Z6026	5	5	5	0	0	0	0	3	3	3	3	3	3		4	0	0	0	0	4	3	3	3	3	3	3	2	7			
Z6027	5	4	5	0	0	0	1	3	3	3	3	3	3		4	1	0	0	0	4	4	1	4	3	3	3	3				
Z6028	2	2	3	1	0	1	0	2	2	3	2	1	1	3	2	1	1	1	1	3	2	1	1	1	1	2	1	2	3	4	5
Z6029	1	1	2	1	1	1	1	1	1	1	1	1	1	3	1	1	1	1	1	1	2	1	1	1	1	1	1				
Z6030	2	2	2	0	1	0	0	1	2	2	1	2	2	2	2	0	0	0	0	2	2	2	2	2	2	2	3				
Z6031	2	3	2	2	0	0	1	2	2	2	2	2	2	2	2	0	0	0	0	2	2	2	2	2	2	2	8	6	1	4	
Z6032	1	2	2	0	1	1	0	2	2	2	1	2	1	2		2	1	0	0	2	2	2	1	1	2	1	4	2	8	6	
Z6033	1	2	2	1	1	0	0	2	2	2	2	2	2	2	2	1	0	1	0	2	2	2	2	2	2	2	4	2	3		
Z6034	2	2	2	2	1	1	0	2	2	2	1	1	1	2		2	1	1	0	2	3	2	2	2	2	2	6	2	4	3	
Z6035	2	3	3	1	1	1	1	3	3	3	3	3	3	3	2	1	1	1	1	3	3	3	3	3	2	2	3	5	7	3	1

施工单位调查问卷数据表 3

编号	A21f	A21g	A21h	A22a	A22b	A22c	A22d	A22e	A22f	A22g	A23	A24	A25	A26	A27	A28a	A28b	A28c	A28d	A28e	A28f	A28g	B1	B2
Z6001	1	6	8	1	1	1	1	1	1	1	3	4	3	1	1	2	2	2	2	2	2	2	1	4
Z6002				0	0	0	1	0	0	0	3	2	2	1	1	2	3	3	2	3	2	3	3	3
Z6003				0	1	0	0	0	0	0	1	1	2	1	1	2	1	2	2	2	2	2	1	4
Z6004				0	0	0	0	0	0	0	1	1	2	1	1	2	2	3	3	3	2	1	3	2
Z6005				0	1	0	1	1	0	0	3	4	3	2	2	4	3	3	4	4	3	3	1	4
Z6006	6	7	8	1	1	1	1	1	1	1	2	2	1	1	1	2	3	3	2	1	1	1	3	4
Z6007	6	7	8	1	1	1	1	1	1	1	2	2	1	1	1	2	2	2	2	1	2	1	1	4
Z6008	6	7	8	1	1	1	1	1	1	1	2	2	2	1	1	2	2	2	2	2	2	2		
Z6009				0	0	0	0	1	0	0	3	3	2	1	1	3	3	3	2	3	3	2	3	2
Z6010	6			1	1	1	1	0	0	0	2	1	3	1	1	2	2	2	3	3	3	3	2	3
Z6011				1	1	1	0	0	0	0	2	2	1	1	1	1	1	2	1	1	2	2	1	4
Z6012				0	1	0	1	0	0	0	2	2	2	1	0	2	3	2	3	2	2	2	1	4
Z6013				0	1	1	0	0	0	0	2	2	1	1	1	3	3	1	2	3	4	2	2	3
Z6014	6	7	8	0	0	0	0	0	0	0	1	1	3	1	1	2	3	3	3	3	3	3	3	2
Z6015				0	1	0	1	0	0	0	2	2	2	1	1	3	3	3	4	5	3	3	3	1
Z6016	6	7	8	1	1	1	0	1	1	1	2	2	3	1	1	2	3	2	3	2	3	3	3	3
Z6017	6	7		1	1	0	0	0	1	1	3	2	3	1	1	3	2	3		2	1	3	1	4

施工单位调查问卷数据表 4

编号	A21f	A21g	A21h	A22a	A22b	A22c	A22d	A22e	A22f	A22g	A23	A24	A25	A26	A27	A28a	A28b	A28c	A28d	A28e	A28f	A28g	B1	B2
Z6018	6	8		1	1	1	1	1	1	1	2	3	2	1	1	2	1	2	2	2	2	2	3	3
Z6019				1	0	0	1	0	0	1	2	2	3	2	1	2	3		2	3	4	2	2	2
Z6020				0	0	1	1	0	0	0	1	2	3		1	2	2	2	2	2	2	2	3	1
Z6021				0	1	1	0	0	0	0	2		2	2	1	4	3	2	2	3	4	3	2	2
Z6022				1	1	1	1	1	1	0	1	1		1	1									
Z6023				1	1	0	1	0	0	0	2	2	2	2	2	2	2	2	3	2	2	3	3	3
Z6024				1	0	0	0	0	0	0	3	3	2	1	1	3	3	3	3	3	3	3	3	
Z6025				1	1	1	1	1	1	1	4	3	3	2	2	3	1	3	3	3	3	3	1	3
Z6026				1	1	0	0	0	0	0	1	1	2	1	1	3	3	3	3	3	3	3	2	
Z6027				1	1	1	1	0	0	0	3	1	1	2	2	3	2	3	2	3	3	3	1	
Z6028	6	7	8	1	1	1	1	1	1	1	2	1	1	1	1	2	1	2	2	2	2	2	3	4
Z6029				1	1	1	1	1	1	0	1	1	1	2	1	1	1	2	1	3	2	2	1	4
Z6030				1	1	1	1	1	1	1	1	1	1	1	1	2	1	2	1	2	1	2	3	4
Z6031				1	1	1	1	1	1	1	2	2	3	1	1	2	2	2	2	2	2	2		2
Z6032				0	0	0	1	0	1	1	3	2	2	2	1	2	3	1	2	2	2	1	4	3
Z6033				1	1	1	1	1	0	1	2	2	2	1	1	2	2	2	2	2	1	1	3	1
Z6034	7	5		1	1	0	1	1	0	1	2	2	2	1	1	1	2	2	2	1	1	1		
Z6035				1	1	1	1	1	1	1	3	3	1	1	1	3	3	3	3	2	3	2	4	1

勘查单位调查问卷数据表 1

编号	A1	A2	A3	A4a	A4b	A4c	A4d	A5	A6	A7	A8	A9	A10	A11	A12	A13a	A13b	A13c	A13d	A14	A15	A16	A17	A18	A19
Z7001	2	2	3	1	1	0	0	2	3	2	3	2	1	2	2	1	1	0	1	2	3	2	3	2	2
Z7002	5	5	4	0	0	1	0	4	5	5	5	5	5	3	5	0	0	0	1	5	5	4	5	5	5
Z7003	3	3	4	1	1	1	1	3	2	4	2	2	3	3	2	1	1	1	1	2	2	2	2	2	2
Z7004	4	4	3	1	1	1	1	3	3	3	3	3	3	2	3	1	0	0	1	3	3	2	3	2	3
Z7005	4	4	4					4					3	1	4					2	2	4	2	2	5
Z7006	1	1	2	1	0	1	1	2	2	2	2	1	2	2	2	1	0	0	1	2	2	2	2	1	2
Z7007	2	2	2	0	0	1	0	2	2	2	2	2	2	3	2	0	0	1	0	2	2	2	2	2	2
Z7008	2	2	2	0	0	1	0	2	1	2	2	1	1	2	3	1	0	0	0	1	1	1	1	1	1

勘查单位调查问卷数据表 2

编号	A20a	A20b	A20c	A20d	A20e	A20f	A20g	A20h	A21a	A21b	A21c	A21d	A21e	A21f	A21g	A22	A23	A24	A25	A26	A27a	A27b	A27c
Z7001	3	5	6						0	0	1	1	1	0	0	2	2	1	1	1	2	1	2
Z7002	1	3	5						0	0	1	0	1	1	0	5	4	3	2	2	5	4	5
Z7003	1	2	3	4	5	6			1	1	1	1	1	1	1	2	4	1	1	2	1	2	2
Z7004	2	4	7						0	0	1	1	0	0	0	3	3	3	3	1	3	3	3
Z7005	3	1	4	5	2	8	6	7	1	1	1	1	1	1	1	5	5	2	2	2	2	1	1
Z7006	4	2	8	6					0	1	1	0	1	0	0	2	2	2	1	1	2	3	1
Z7007	8	6	1	4	5				1	1	1	1	1	1	1	2	2	3	1	1	2	2	2
Z7008	3								1	1	1	1	1	1	1	1	2	3	1	1	2	2	2

设计单位调查问卷数据表 1

编号	A1	A2	A3	A4a	A4b	A4c	A4d	A5	A6	A7	A8	A9	A10	A11	A12	A13a	A13b	A13c	A13d	A14	A15	A16	A17	A18	A19	A20
Z8001	3	3	3	1	1	1	1	3	3	3	3	3	3	3	3	1	1	1	1	3	3	3	3	3	3	3
Z8002	2	2	2	0	1	0	0	2	2	2	2	2	2	3	2	1	4			2	2	2	2	1	1	2
Z8003	2	2	3	1	0	0	1	2	2	1	2	2	2	3	2	1	0	1	1	3	2	2	2	3	2	2
Z8004	4	4	4	0	0	1	1	2	2	2	2	3	2	2	2	1	1	1	0	4	3	2	2	2	2	2
Z8005	5	4	3	1	0	1	0	2	2	2	2	2	3	3	2	1	0	0	0	3	1	1	1	1	1	1
Z8006	2	3	4	1	0	1	0	3	2	3	3	2	2	1	2	0	1	1	0	3	3	2	3	2	2	3
Z8007	2	2	2	1	1	1	1	2	2	2	2	2	3	3	2	1	0	0	0	2	1	1	1	3	3	2
Z8008	4	3	3	1	1	0	1	3	3	2	4	3	4	3	4	1	1	1	1	2	4	3	2	3	2	3
Z8009	5	4	5	0	0	0	0	3	3	3	5	5	5	1	3	1	0	0	0	5	5	5	5	5	5	5
Z8010	2	3	3	1	1	0	1	3	3	3	3	3	3	3	3					3	2	4	3	2	2	2
Z8011	3	3	4	1	0	1	0	3	2	3	3	2	3	1	3	1	0	1	0	3	2	2	2	2	2	2
Z8012	1	2	2	1	1	1	1	1	1	1	1	1	2	2	2	1	0	0	1	2	2	1	1	1	2	2
Z8013	2	2	2	0	0	1	0	2	2	2	2	2	2	3	2	0	0	1	0	2	2	2	2	2	2	2
Z8014	2	2	2	1	0	0	0	1	1	2	2	2	2	2	2	1	1	0	0	2	2	2	2	2	2	2
Z8015	2	1	1	1	0	0	1	2	2	1	2	2	1	3	2	0	0	1	1	2	2	1	1	1	1	1
Z8016	2	1	2	1	1	0	1	2	2	2	2	2	3	2	2	1	0	0	1	2	2	1	2	1	2	2
Z8017	2	3	2	1	0	0	0	4	2	2	2	3	2	2	3	1	1	0	0	2	3	2	3	2	2	3

设计单位调查问卷数据表 2

编号	A1	A2	A3	A4a	A4b	A4c	A4d	A5	A6	A7	A8	A9	A10	A11	A12	A13a	A13b	A13c	A13d	A14	A15	A16	A17	A18	A19	A20
Z8018	3	3	3	1	0	1	0	2	2	2	2	2	2	1	2	1	1	1	1	2	2	2	2	3	2	2
Z8019	5	5	5	1	0	1	0	5	5	5	5	5	4	2	5	0	0	1	0	4	5	4	5	4	5	5
Z8020	2	2	2	0	1	0	1	2	2	2	2	2	2	2	2	0	1	1	0	2	2	2	2	2	2	2
Z8021	3	3	3	0	0	1	0	3	3	2	3	2	2	3		1	1	0	0	3	2	3	3	2	2	3
Z8022	3	3	3	0	0	1	0	2	2	3	3	3	3		2	0	0	1	0	2	2	3	2	2	2	2
Z8023	5	4	4	0	0	1	1	4	3	3	3	2	3	3	3	1	1	0	0	4	2	4	3	2	2	3
Z8024	5	4	4	0	0	0	1	4	3	3	3	2	3	2		1	1	0	0	4	1	4	2	1	2	3
Z8025	3	3	4					3	3	3	3	3	3	2	2				1	2	2	2	2	2	2	3
Z8026	3	3	4	0	0	1	0	3	3	2	3	2	3	2	2	0	0	0	0	3	2	2	2	2	2	3
Z8027	3	3	2	1	1	0	0	3	3	2	2	3	2	2	3	1	1	1	0	2	2	2	2	2	3	3
Z8028	3	3	4	1	1	1	1	3	3	2	2	1	2		2	1	1	0	0	3	2	1	2	3	1	2
Z8029	2	3	2	1	1	1		2	2	2	2	1	1	1	2	1	1	0	1	2	1	1	2	1	1	2
Z8030	2	2	2	1	1	1		1	1		1	1	1			1	1	0	1	2	1	1	2	2	2	1

200

设计单位调查问卷数据表 3

编号	A21a	A21b	A21c	A21d	A21e	A21f	A21g	A21h	A22a	A22b	A22c	A22d	A22e	A22f	A22g	A23	A24	A25	A26	A27	A28a	A28b	A28c	B1
Z8001	2	5	8						2	4						3	3	2	1	2	3	3	3	1
Z8002	5	4	6	8					0	0	1	1	1	0	0	2	2	3	1	1	2	2	2	3
Z8003	1	2	3	4	5	6	7	8	1	1	1	1	1	1	1	2	2	1	1	1	2	1	2	3
Z8004	1	2	3	4	5	6	7	8	1	1	1	1	1	1	1	3	2	2	1	1	2	2	2	
Z8005	1	8	4	5					1	1	1	1	1	1	1	2	3	3	1	1	2	1	2	1
Z8006	8	4	5		3	4	5		1	1	1	0	0	0	0	3	2	3	1	1	2	1	1	
Z8007	8	6	7	2	1				1	1	1	0	1	0	1	2	3	3	1	1	1	1	2	3
Z8008	7	2	6	5					0	1	1	1	1	1	1	3	4	2	1	1	2	2	2	
Z8009	3								1	1	1	1	1	1	1	5	5	3	1	1	2	2	2	3
Z8010	3	1	7	5	4	6			1	0	1	0	0	0	0	3	3	2	1	1	1	2	1	3
Z8011	1	4	5	3	2	6			1	1	1	1	1	1	1	3	3	3	1	1	2	2	2	3
Z8012	4	3	2	6	8	5	7		0	0	1	0	1	1	0	1	2	2	1	1	2	2	2	2
Z8013	8	6	1	4	5				1	1	1	1	1	1	1	2	2	3	1	1	2	2	2	3
Z8014	2								1	1	1	1	1	1	1	2	2	1	1	1	2	2	2	2
Z8015	4	2	3	8					0	0	1	0	0	0	0	1	2	2	1	1	2	1	1	2
Z8016	4	2	3	8	5				0	1	1	1	0	0	1	2	2	2	1	1	2	1	1	3
Z8017	2	3							0	0	0	1	0	0	0	2	1	2	1	1	2	3	2	3

设计单位调查问卷数据表 4

编号	A21a	A21b	A21c	A21d	A21e	A21f	A21g	A21h	A22a	A22b	A22c	A22d	A22e	A22f	A22g	A23	A24	A25	A26	A27	A28a	A28b	A28c	B1
Z8018	1	3	4	5					0	1	1	1	1	0	0		2	1	1	1	2	1	1	1
Z8019	2	2	3	4	5				0	0	1	0	1	1	0	4	5	3	2		5	4	5	3
Z8020	2	3	4	5	6				1	1	1	0	1	1	0	2	2	2	1	1	2	1	1	3
Z8021	3	4	5	6	7	8			1	0	1	1	0	0	1	3	2	2	1	1	1	1	1	2
Z8022	1	2	3	4	5	6			1	0	0	0	1	1	1	2	2	1	1	1	1	1	1	3
Z8023	3	4	5	6	7	8			1	0	0	1	0	0	1	3	3	2	1	1	2	1	1	2
Z8024	3	4	5	6	7	8			1	0	0	1	0	0	0	3	3	2	1	1	2	1	1	3
Z8025	1	2	3	4	5	6	7	8	1	0	1	0	0	1	1	1	3	2	1	1	1	1	1	2
Z8026	1	2	3	4	5	6	7	8	1	0	1	0	0	0	1	2	3	2	1	1	1	1	1	2
Z8027	1	2	3	4	5	6	7	8	1	0	1	1	0	0	0	3	3	2	1	1	2	1	1	3
Z8028	2	3	4						0	1	1	0	0	0	0	3	2	2	1	1		2	2	3
Z8029	1	4	2	3	5	6	7	8	1	1	1	1	1	1	1	2	1	1	1	1	2	1	1	
Z8030	5	4	3	2	1	6	7	8	1	1	1	1	1	1	1	1	2	2	1	1	1	1	1	3

施工图审查机构调查问卷数据表 1

编号	A1	A2	A3	A4a	A4b	A4c	A4d	A5	A6	A7	A8	A9	A10	A11	A12	A13a	A13b	A13c	A13d	A14	A15	A16	A17	A18	A19	A20
Z9001	3	3	3	1	1	1	1	3	3	3	3	3	3	2	3	1	1	1	1	3	3	3	3	3	3	3
Z9002	1	2	2	0	1	0	0	1	2	2	2	2	2	3	2	1	0	0	1	2	2	2	2	2	1	2
Z9003	2	3	2	1	1	0	1	2	2	2	2	1	2		1	1	1	1	0	2	1	1	2	2	2	1
Z9004	3	3	3	0	0	1	0	2	2	3	2	2	2	2	2	0	1	0	1	4	2	3	3	2	2	2
Z9005	3	3	3	1	1	0	0	2	2	3	2	2	2	2	2	0	0	1	1	4	2	2	3	2	2	2
Z9006	2	2	3	1	1	0	0	2	2	3	2	2	3	3		1	1	0	1	2	2	3	2	2	3	2
Z9007	4	4	4	1	0	1	0	4	4	4	4	4	4	2	4	0	0	1	0	4	4	4	4	4	5	4

施工图审查机构调查问卷数据表 2

编号	A21a	A21b	A21c	A21d	A21e	A21f	A21g	A21h	A22a	A22b	A22c	A22d	A22e	A22f	A22g	A23	A24	A25	A26	A27	A28
Z9001	5	6	8						0	0	0	1	0	0	0	3	3	3	1	1	3
Z9002	5	4	6	8					0	0	1	1	1	0	0	2	2	3	1	1	2
Z9003	1	2	3	4	5	8			1	1	1	1	1	1	1	2	2	2	1	1	1
Z9004	2	3							0	0	0	1	0	0	1	2	2	2	2	1	2
Z9005	2	3	4	5					0	1	1	1	0	0	7	2	2	2	1	1	2
Z9006	3	5	6						0	1	1	0	1	0	0	3	2	2	1	2	1
Z9007	1	2	3	4	5				0	0	3	0	5	5	0	4	5	3	2	2	4

建设工程质量监测单位调查问卷数据表 1

编号	A1	A2	A3	A4a	A4b	A4c	A4d	A5	A6	A7	A8	A9	A10	A11	A12	A13a	A13b	A13c	A13d	A14	A15	A16	A17	A18	A19	A20
Z0001	3	3	3	1	1	1	1	4	3	3	3	4	3	2	3	1	1	1	1	3	3	3	3	3	3	4
Z0002	1	1	1	1	0	0	0	1	1	1	2	2	1	3	2	1	1	1	0	1	1	1	1	1	2	1
Z0003	1	1	1	1	1	1	1	1	1	1	1	1	1	1	1	1	1	1	1	1	1	1	1	1	1	1
Z0004	4	1	2	1	1	1	1	1	1	1	1	1	1	3	2	1	1	1	1	2	1	1	1	1	1	1

建设工程质量监测单位调查问卷数据表 2

编号	A21a	A21b	A21c	A21d	A21e	A21f	A21g	A21h	A22a	A22b	A22c	A22d	A22e	A22f	A22g	A23	A24	A25	A26	A27	A28
Z0001	4	5	6						0	0	0	0	1	0	0	4	3	3	1	1	3
Z0002	4	2	4	8					0	0	1	1	1	0	0	1	2	3	1	1	1
Z0003	6	5	5	5	3	1	3	7	1	1	1	1	1	1	1	2	3	2	1	1	1
Z0004	8	6	5	4	1	2	3	1	1	1	1	1	1	1	1	2	2	1	1	1	1

附件四 访谈提纲

一、建设行政主管部门

1. 该《条例》在建设工程质量管理中有哪些方面的规定作用发挥得比较好，还有哪些不足？

2. 贵部门是如何监督建设单位落实《条例》规定的建设工程质量首要责任制度的，实际效果如何？

3. 《条例》细化了建设工程各方主体质量责任和义务，实际监督落实情况如何？

4. 贵部门采取哪些措施落实《条例》中的"鼓励推行建设工程质量保险制度"，效果怎样？

5. "建设领域企业信用制度"实施以来，实际社会效果如何？

6. 据贵部门了解，天津市对外墙保温、门窗、地下室防水工程最低保修期限 5 年的规定，落实情况如何？

7. 竣工验收备案制度的实行对于加强建设工程质量有什么实际效果？

8. 《条例》实施以来，贵部门做出的行政处罚案件有哪些类型，您认为这些处罚有什么意义？

9. 建设工程质量监督机构在检查和抽查有关情况中发现的问题一般是如何处理的，实际效果如何？

10. 实践中还有哪些涉及建设工程质量方面的违法违规行为屡禁不止，有何对策和建议？

11. 您认为《条例》哪些方面的规定对维护相关单位合法权益有实际帮助，请具体谈一谈？

12. 就您所了解，目前建设工程质量进一步提高的难点在哪里？

二、建设单位

1. 按照《条例》规定，贵单位是如何落实建设工程质量首要责任制度的？有什么困难？

2. 您认为《条例》哪些方面对维护贵单位合法权益有实际帮助，请具体谈一谈？

3. 就您所了解，目前建设工程质量进一步提高的难点在哪里？

4. 您如何看待建设工程竣工验收中对于住宅工程先组织分户验收的规定？

5. 您认为建设工程质量保修制度实际落实情况如何，存在哪些不足？

6. 您认为建筑市场信用信息系统对贵单位有哪些约束，对违法行为有怎样的震慑作用？

7. 贵单位因违反《条例》规定而受到行政机关处罚的情况有哪些，您认为合理吗？

三、工程监理单位

1.《条例》对贵单位开展工程监理工作有何帮助？贵单位落实《条例》中工程监理相关规定有何困难？《条例》哪些方面还可以细化和完善，以促进工程监理单位作用的发挥？

2. 您认为建筑市场信用信息系统对贵单位有哪些约束，对违法行为有怎样的震慑作用？

3. 贵单位对"监理项目负责人和其他建筑监理人员进驻施工场地"的规定是如何落实的？对该规定的落实有何实际作用？

4. 您认为，监理人员"不得将不合格的建设工程、建筑材料、建筑构配件和设备按照合格签字"的规定落实情况如何，有什么意义？

5. 贵单位对"监理项目负责人应当具有监理工程师资格，并且不得擅自更换"的规定落实情况如何，有什么实际意义？

6. 贵单位因违反《条例》规定而受到行政机关处罚的情形有哪些，您认为处罚是否合理？

7. 就您了解，目前建设工程质量进一步提高的难点在哪里？

四、建设工程质量检测单位

1. 贵单位落实《条例》中建设工程质量检测相关规定有何困难？《条例》还有哪些地方可以细化和完善，以促进建设工程质量检测单位作用的发挥？

2. 贵单位因违反《条例》的规定而受到过行政机关处罚的情形有哪些？您认为处罚合理吗？

3. 您认为建筑市场信用信息系统对贵单位有哪些约束，对违法行为有什么样的震慑作用？

4. 与之前相比，近三年贵单位参与检测的有关建设工程质量发生什么样的变化，有哪些相关数据支撑？天津市的建设工程质量在全国范围是一个什么水平？

5. 您对贵单位的检测能力和水平有什么看法，实际检测水平是否会受外界因素干扰和影响？

6. 贵单位建立检测结果台账情况如何？有何实际作用？

7. 如果出现检测结果不合格的项目，贵单位一般如何处理？相关方面是否配合？

8. 您认为《条例》哪些方面的规定对维护贵单位合法权益有实际帮助，请具体谈一谈？

9. 就您了解，目前建设工程质量进一步提高的难点在哪里？

五、施工单位

1. 《条例》对贵单位开展施工工作有何帮助？

2. 贵单位落实《条例》相关规定、保证施工质量有何困难？

3. 《条例》哪些方面还可以细化和完善，以促进施工单位作用的发挥？

4.. 贵单位因违反《条例》规定而受到过行政机关处罚的情形有哪些？您认为处罚是否合理？

5. 您认为建筑市场信用信息系统对贵单位有哪些约束，对违法行为有什么样的震慑作用？

6. 作为施工单位，保修期内的工程质量保修责任落实具体情况如何，有哪些相关数据支撑？

7. 作为施工单位，在发现设计文件和图纸有差错的情况下，一般采取什么措施，效果如何？

8. 就您了解，目前建设工程质量进一步提高的难点在哪里？

六、勘察单位

1.《条例》规定勘察单位对其勘察质量负责，贵单位如何落实的？

2. 贵单位落实《条例》相关规定、保证勘察质量有何困难？

3.《条例》哪些方面还可以细化和完善，以促进勘察单位作用的发挥？

4. 贵单位因违反《条例》规定而受到过行政机关处罚的情形有哪些？您认为处罚是否合理？

5. 您认为建筑市场信用信息系统对贵单位有哪些约束，对违法行为有什么样的震慑作用？

6. 勘察单位"对勘查文件的真实性、准确性承担责任"，贵单位落实该规定的情况如何，有何现实意义？

7. 建设行政主管部门对勘察单位如何进行监管的？

8. 就您了解，目前建设工程质量进一步提高的难点在哪里？

七、设计单位

1.《条例》规定设计单位对其设计质量负责，贵单位如何落实的？

2. 贵单位落实《条例》相关规定、保证设计质量有何困难？

3.《条例》哪些方面还可以细化和完善，以促进设计单位作用的发挥？

4. 贵单位因违反《条例》规定而受到过行政机关处罚的情形有哪些？您认为处罚是否合理？

5. 您认为建筑市场信用信息系统对贵单位有哪些约束，对违法行为有什么样的震慑作用？

6. "设计文件应当由参加设计的具有执业资格的人员签字，并对设计文件的科学性、安全性、可靠性承担责任"，贵单位落实该规定的情况如何，有何现实意义？

7. "设计单位……不得指定建筑材料、建筑构配件的生产厂、供应商"该规定的现实意义在哪里？贵单位是如何落实的？

8. "设计文件应当注明建设工程合理使用年限、允许最大沉降量和抗震设防裂度"的规定与天津市建设工程质量有什么关系？

9."对超限高层和超大跨度建筑、超深基坑以及采用新技术、新结构的工程，设计单位应当在设计文件中明确工程质量保障措施，并向施工现场派驻设计代表，处理与设计有关的技术问题"该规定现实意义在哪里，效果如何？

10.就您了解，目前建设工程质量进一步提高的难点在哪里？

八、施工图审查机构

1.《条例》规定施工图审查机构对施工图设计文件进行审查，承担审查责任，贵单位是怎样落实该规定的？

2.贵单位落实《条例》相关规定、保证施工图审查质量有何困难？

3.《条例》哪些方面还可以细化和完善，以促进施工图审查机构作用的发挥？

4.贵单位因违反《条例》规定而受到过行政机关处罚的情形有哪些？您认为处罚是否合理？

5.作为施工图审查机构，贵单位是否因勘察成果文件、施工图设计文件不符合规定而发生过退回建设单位并书面说明的情形？

6.经审查合格的施工图，由进行审查的具有执业资格的专业技术人员签字有什么意义？

7.就您了解，目前建设工程质量进一步提高的难点在哪里？

九、法院

1.请谈谈过去三年贵院审理的建设工程质量纠纷的情况（包括案件数量变化、案由、依据、所涉条款、结果、诉讼性质等）。

2.《条例》中关于法律责任的规定处罚力度如何？司法机关的裁量权如何？

3.您认为《条例》是否存在无法可依的情况？或法律规定不明确、或权责不明的情况？

4.您对《条例》的立法质量如何评价。

5.您认为《条例》还有哪些方面需要完善？

十、律师事务所

1.请谈谈过去三年接受委托处理的建设工程质量纠纷的情况（包括案件

数量变化、案由、依据、所涉条款、结果、诉讼性质等）。

2.《条例》中关于法律责任的规定处罚力度如何？司法机关、行政主管机关的裁量权如何？

3.您认为《条例》是否存在无法可依的情况？或法律规定不明确、或权责不明的情况？

4.您对《条例》的立法质量如何评价？

5.您认为《条例》还有哪些方面需要完善？

十一、专家

1.您认为《条例》在总则与分则的分配安排，程序与实体法条的分配安排，权力（利）与责任的设计安排方面是否合理？

2.据您所知，《条例》在制定过程中是否坚持开门立法？是否通过召开座谈会、听证会、论证会、实地调研等方式征求公众意见？

3.您认为《条例》有无特色制度？若有，是什么？为什么？

4.您对《条例》中规定的建设企业信用信息档案制度作何评价？

5.您对《条例》中规定的建设工程质量保险制度作何评价？

6.您对《条例》中规定的建设工程保修制度作何评价？

7.《条例》第8、9、12条中规定了勘察文件、设计文件、质量检测报告或鉴定结论的签署，其中特别要求质量检测报告或鉴定结论的签署应当由进行检测的专业技术人员、检测机构法定代表人或者其授权人签字，而勘察文件、设计文件则仅要求由参加勘察的具有执业资格的人员签字，参加设计的具有执业资格的人员签字，并未要求其所属机构的法定代表人或授权人签字。

请问：您认为为什么会出现这样的差别？这是立法的疏忽还是有意而为之？如果是后者，立法初衷是什么？

8.《条例》第二十八条：建设工程保修后，由建设单位或者房屋建筑所有人组织验收。涉及结构安全的，应当将验收报告报区、县建设行政主管部门备案。

请问，您清楚"房屋建筑所有人组织验收"的程序吗？您如何评价由房屋建筑所有人组织验收的可操作性？

9.《条例》第三十五条：违反本条例第八条、第九条、第十五条、第十六条规定，有下列行为之一的，由建设行政主管部门责令限期改正，并处以十万元以上三十万元以下的罚款；造成工程质量事故的，责令停业整顿，降低资质等级；情节严重的，吊销资质证书；造成损失的，依法承担赔偿责任：……

您知道该条中"情节严重"的衡量标准是什么吗？是否应当在《条例》中对此加以明确？

10. 您对《条例》的立法质量如何评价。

11. 您认为《条例》还有哪些方面需要完善？

后 记

　　立法后评估是立法活动中的一个重要阶段，对于改进立法技术、完善法律制度、建立法律实施反馈机制具有重要意义。《天津市建设工程质量管理条例》（以下简称《条例》）自2011年9月1日起施行。为研究《条例》的立法质量，了解其实施效果，发现问题，总结经验，完善立法，更好地实现《条例》的立法宗旨，课题组接受天津市人大常委会法制工作委员会的委托于2013年7月至2014年7月对《条例》的立法质量和实施效果开展立法后评估工作。

　　本课题研究遵循客观性原则、利益相关方参与原则、定性和定量相结合原则，围绕《条例》立法质量和实施效果，课题组建立了立法后评估指标体系，包括立法形式、立法内容、执法、守法4大项14个门类43项立法后评估指标。这一指标体系可以为以后的立法后评估工作提供有益借鉴。

　　课题组在立法后评估过程中整理了《条例》的上位法、同位法及相关立法资料，向行政执法机构、人民法院、律师事务所、建设单位、监理单位、施工单位、勘察单位、设计单位、施工图审查单位、建设工程质量检测单位等机构和相关个人累计发放问卷280多份，举办各类专题座谈会十余场，查阅各类备案档案、执法档案17类，到天津市工程建设交易服务中心、天津市建设工程质量安全监督管理总队等单位实地调研，历时一年，圆满完成了《条例》的立法后评估工作。本次课题研究采取文献研究、比较分析、专题访谈、实地调研、问卷调查、专家咨询等研究方法，切实可行，取得的数据充分准确，确保了评估结论的科学有效。

　　从立法形式上看，《条例》立法主体合法；立法的提出、审议、表决、公布、备案严格遵循了《立法法》和《天津市地方性法规制定条例》的规定；章、节、条、款、项安排科学，衔接合理；立法目标清晰，制度设计具有一定的前瞻性，文字表述明确，法条结构完备。从立法内容上看，《条例》准确反映了建设工程质量相关问题的基本规律，充分结合了天津建筑行业的实际，完整构建了建设工程相关主体的权利、义务和责任体系，程序性规定与实体规定相结合，各项制度合法合理，协调一致，相互周延。

《条例》实施以来，有关行政机关和各级人民法院在《条例》的执行和适用中表现出了较好的执法效果，《条例》整体普及率较高，各方主体对《条例》相关制度了解和认可度较高，愿意主动遵守。《条例》法律责任设置合理，能有效约束各方主体的行为。《条例》的颁布对天津市建设工程质量的提高起到了积极作用。

本次课题研究中也发现了《条例》自身在立法形式和立法内容上的一些不足，部分制度的实施效果不佳，这些问题均以专项报告的形式反馈回课题委托单位，以使课题研究成果真正服务于相关立法和修法实践。

本课题研究得到了委托单位、建设行政主管部门、建设单位、施工单位、监理单位、勘察单位、设计单位、图审单位、天津市各级人民法院、各律师事务所等单位的大力支持，这些机构的热情参与和提出的宝贵意见是本课题研究得以顺利进行的基础，课题组在此表示衷心感谢。本课题调查和研究过程中得到了天津市人大常委会法工委高绍林主任全面而具体地指导，课题组在此向高绍林主任表示衷心感谢。同时，感谢课题组的李树成老师、杨鸿雁老师、高杰老师、向朝霞老师、温宇静老师，是你们的辛勤努力和专业精神才使得本次立法后评估工作得以顺利完成并付梓出版。感谢积极参与本课题研究并做了大量基础性工作的经济法专业研究生郝爱民、李莹、杨文龙同学，思想政治教育专业研究生吴婉霞同学。

由于本书是在课题研究的基础上完成的，受研究方法的局限性影响，偏颇和错漏之处恳请读者批评指正。

肖　强

2015 年 7 月 20 日